障害の重い
子どもの
担当教員必携！

目からウロコの重度重複障害児教育

著 松元 泰英 医学博士・言語聴覚士

イラスト さめしま ことえ

はじめに

　近年、子どもたちの障害の重度重複化、多様化や医療的ケアの導入などにより、特別支援学校での重度重複障害児に対する教育力の向上が叫ばれていますが、実際の学校現場での重度重複障害児に対する教育に必要な内容にはどのようなものがあるでしょうか。自立活動、摂食指導、コミュニケーション、ICT、教育課程、水泳指導、姿勢、訓練内容、医療的ケアなど、ざっと挙げただけでもこのくらいの内容が思い浮かびます。

　書店に行ってみると、自立活動、摂食指導、ICT の活用法などの専門的な本は数多く見られますが、これを一冊読めば重度重複障害児に対する教育ができるという本は、意外と少ないのが現状です。

　そこで、今回、"まずはこれを一冊読めば重度重複障害児に対する教育が何とかなる本" を書いてみました。2015 年に『肢体不自由教育　連携で困らないための医療用語集』（ジアース教育新社）という本を出版しましたが、その本と同様に、おもしろいイラストを入れて、読みやすくしてあります。

> **＊ この本の特徴 ＊**
> ① 重度重複障害児教育について新しい視点で書いてある
> ② 内容が現場に即していて実践的である
> ③ 一冊に必要なことをまとめてある
> ④ 保護者との連携について書いてある
> ⑤ イラストがおもしろく手に取りやすい

　私は特別支援学校に 22 年間勤務し、それ以前は特別支援学級の担任と中学校の担任をそれぞれ 4 年間経験してきました。22 年間の特別支援学校の勤務の中では、16 年間を自立活動専任として過ごしています。そこで学んだことや感じたことを中心に書いてみました。そのため、理論的な内容

というより、より実践的な内容に仕上がっています。

　特別支援学校の現場で実践していくと、それまで読んだ本の内容に自分なりの新しい視点を加えていくことで、思った以上の成果が見られる場合もあります。そこで、学んだことを自分なりに解釈し、新しい視点として付け加えて、この本を書いてみました。

　ところで、本を手に取る読者のタイプは、学習意欲があり、"もっと深く学んでみよう"と思って本を手に取る人と、"読みたくないけど必要だからとりあえず読んでみるか"、の2通りに分かれるのではないでしょうか。

　この本の場合は、後者の"必要だからとりあえず読んでみるか"という読者向けに書いてあります。ですから、読者の読もうとするモチベーションをなるべく落とさないように、より実践的で、この一冊で何とかなる内容に、おもしろいイラストを加えました。しかし、重度重複障害児への教育を深く理解していくには、この一冊ではどうしても無理があります。つまり、この本は重度重複障害児に対する教育の入門書として活用できるように書いたものです。この本を読むことで、重度重複障害児への教育に興味関心を持ったり、もっと詳しい本を読んでみたいなという気持ちが芽ばえたら、この本の役目は十分かなえられたと思います。さらに詳しく知りたい方は、自立活動や摂食指導、医療的ケア、ICTなどの本や引用参考文献などを閲覧してください。そうなることを願って執筆しています。

　最後に、この本の出版を快く引き受けてくださったジアース教育新社の加藤勝博社長、また私のわがままな願いを聞き入れて、全イラストを描いてくださった燦燦舎のさめしまことえ氏には深く感謝申し上げます。

2018年6月

松元　泰英

Contents

はじめに

目からウロコの重度重複障害児教育　19の掟 ………………………………… 10

|第1章|　自立活動

1　「自立活動の時間における指導」と
　　「教育活動全体を通じて適切に行う指導」の関係 …………… 20

2　粗大運動を身に付けるための自立活動 ………………………… 22

3　「機能的治療アプローチ」とは ………………………………… 23
　　（1）具体的で機能的な目標を設定すること ……………………… 25
　　（2）指導を機能的な場面（有意義な環境）で行うこと ………… 26
　　（3）子どもが能動的な役割を果たすこと ……………………… 26
　　（4）実施プログラムのすべての段階、過程（目標設定、意思決定、日常生活
　　　　での実施、目標達成度の評価等）に、保護者が積極的に参加すること ………… 26

4　IMON の考え方について ………………………………………… 27
　　（1）意図的に体を動かせる子ども ……………………………… 28
　　（2）不随意運動や麻痺があり意図的に体を動かせない状態の子ども …………… 28

5　質とともに量を重視した自立活動へ …………………………… 30

6　子どもの成長のものさしは適切か ……………………………… 31

7　ストレッチについて …………………………………………… 32

8　下半身の拘縮予防のストレッチ ………………………………… 34
　　（1）股関節の屈曲、膝関節の伸展 ……………………………… 34
　　（2）股関節の外転と外旋 ………………………………………… 34
　　（3）股関節の伸展 ………………………………………………… 35

（4）体幹のストレッチ ………………………………………………………… 36

（5）足関節の運動 ……………………………………………………………… 37

9　上肢のストレッチ …………………………………………………………… 37

（1）胸、肩まわりのストレッチ ……………………………………………… 38

（2）肘、前腕、手首のストレッチ …………………………………………… 38

10　ストレッチの要点 …………………………………………………………… 39

11　粗大運動のマイルストーン（指標）の教え方 ………………………… 42

（1）立位 ………………………………………………………………………… 42

（2）歩行 ………………………………………………………………………… 43

（3）IMON の考え方を活用した実践例 ……………………………………… 44

12　「個別の指導計画」 …………………………………………………………… 49

｜第2章｜　　摂食指導

1　食物の経路と誤嚥 …………………………………………………………… 54

2　摂食嚥下の各段階 …………………………………………………………… 57

（1）先行期（認知期）………………………………………………………… 58

（2）準備期 ……………………………………………………………………… 58

（3）口腔期 ……………………………………………………………………… 58

（4）咽頭期 ……………………………………………………………………… 58

（5）食道期 ……………………………………………………………………… 58

3　摂食機能の発達 ……………………………………………………………… 59

4　摂食指導の実際 ……………………………………………………………… 63

（1）間接訓練 …………………………………………………………………… 63

（2）直接訓練 …………………………………………………………………… 66

（3）オーラルコントロール …………………………………………………… 69

（4）口腔内装具 ………………………………………………………………… 70

（5）保護者との連携 …………………………………………………………… 71

5　摂食嚥下の評価 ……………………………………………… 72
　（1）食形態 ………………………………………………… 73
　（2）とろみ ………………………………………………… 75

6　栄養量と水分量 ………………………………………… 77
　（1）栄養量 ………………………………………………… 77
　（2）水分量 ………………………………………………… 80

7　食事の自立 …………………………………………………… 81
　（1）食事動作の重要性 …………………………………… 81
　（2）支援のポイント ……………………………………… 82

8　スプーンの握り方 …………………………………… 84

9　問題行動 ……………………………………………………… 85
　（1）食べ物に注意が向かない …………………………… 85
　（2）丸飲み ………………………………………………… 86

10　口腔ケア ……………………………………………………… 87
　（1）口腔ケアの必要性 …………………………………… 87
　（2）口腔ケアの実践 ……………………………………… 88

｜第3章｜　　姿　　勢

1　いろいろな姿勢の特徴と注意点 …………………… 92
　（1）仰臥位（背臥位） …………………………………… 92
　（2）側臥位 ………………………………………………… 94
　（3）腹臥位 ………………………………………………… 94
　（4）座位 …………………………………………………… 95

2　自分で動ける子どもの姿勢への対応 …………… 97
　（1）座位、立位、歩行などの抗重力位をとらせる …… 97
　（2）習慣になっている不適切な姿勢を変える ………… 99

| 第4章 |　AAC（拡大・代替コミュニケーション）

1　AACの導入について ……………………………………………… 102

2　AACの活用方法 ……………………………………………………… 103
（1）ノンテクコミュニケーション ……………………………………… 103
（2）ローテクコミュニケーション ……………………………………… 104
（3）ハイテクコミュニケーション ……………………………………… 105
（4）AACを活用した実践事例 ………………………………………… 106

| 第5章 |　水泳指導

1　重度重複障害児の水泳指導 ……………………………………… 116

2　水の特性 ……………………………………………………………… 117
（1）浮力について ………………………………………………………… 117
（2）水圧について ………………………………………………………… 117
（3）水の抵抗について …………………………………………………… 117

3　水中での体の生理学的な変化と注意事項 …………………… 118
（1）水温と室温 …………………………………………………………… 118
（2）塩素濃度 ……………………………………………………………… 118
（3）学習時間 ……………………………………………………………… 119
（4）衛生管理 ……………………………………………………………… 119
（5）その他の注意事項 …………………………………………………… 119

4　学習内容・指導方法 ……………………………………………… 120
（1）「陸上で難しい抗重力位（立位、歩行等）の経験」に対する指導 …………… 121
（2）「立位、歩行、浮く等の動作でのバランスと協調性の拡大」に対する指導 … 121
（3）「筋緊張の軽減とリラクセーションの経験」に対する指導 ……… 122
（4）「運動を行う勇気と自信の獲得およびそれに伴う意欲の向上」に対する指導 … 123
（5）「関節可動域の保持拡大および身体の変形拘縮の予防」に対する指導 ……… 124
（6）「除重力下において、日常生活に有効な動作の経験および獲得」
　　に対する指導 ………………………………………………………… 125

| 第6章 | コミュニケーション

1 コミュニケーションとは ……………………………… 130

2 共通な手段や記号媒体を活用すること ……………… 130

3 視覚的な支援（カード）の活用のしかた ……………… 131

4 コミュニケーションレベル ……………………………… 133

5 原初的コミュニケーション段階から
言語的コミュニケーション段階への発達の流れ ……… 134

6 コミュニケーションが難しい子どもへの働きかけ ……… 135

7 シンプルテクノロジーの活用 ………………………… 136

8 適切な支援の在り方 …………………………………… 137
　（1）受け手としての教師の支援と VOCA の活用 ……… 137
　（2）教師の適切な発信 ………………………………… 138

9 障害が重い子どもとのコミュニケーションの困難性 … 139
　（1）反応が微弱で発信がわかりにくい場合 …………… 139
　（2）発信は見られるが、意図がわかりにくい場合 ……… 141
　（3）子どもの感覚に優位性がある場合 ……………… 143

| 第7章 | 補装具

1 補装具の必要性 ………………………………………… 146

2 補装具の種類と特徴 …………………………………… 147
　（1）座位保持椅子 ……………………………………… 147
　（2）短下肢装具・長下肢装具・体幹装具 ……………… 147
　（3）歩行器 ……………………………………………… 148
　（4）クラッチ …………………………………………… 149
　（5）ポジショナー ……………………………………… 149

3　抗重力位を提供できた事例 ……………………………………………… 150

|第8章|　　医療的ケア

1　喀痰吸引 …………………………………………………………………… 156
　（1）なぜ喀痰吸引が必要なのか ………………………………………… 156
　（2）体位ドレナージの方法 ……………………………………………… 157

2　舌根沈下 …………………………………………………………………… 158

3　口呼吸から鼻呼吸へ ……………………………………………………… 159

4　呼吸障害 …………………………………………………………………… 159

5　気管カニューレ内部の喀痰吸引 ………………………………………… 160

6　胃ろうと経鼻経管栄養 …………………………………………………… 160
　（1）口腔ケア（口腔内の細菌の抑制） ………………………………… 161
　（2）姿勢管理（定期的な姿勢変換による肺換気能力の維持・向上） ……… 161
　（3）舌根沈下や口呼吸などの防止（呼吸障害への対応） ……………… 161
　（4）薬の適切な使用 ……………………………………………………… 161
　（5）胃食道逆流への適切な対応 ………………………………………… 161

7　胃ろうや経鼻経管栄養での注入 ………………………………………… 163
　（1）注入前後の注意事項 ………………………………………………… 163
　（2）注入中の注意事項 …………………………………………………… 164

目からウロコの重度重複障害児教育

19の掟

1 特別支援教育は保護者が「今日は学校があるな」と思ったときから始まっている
2 特別支援教育は量で勝負だ
3 学校生活のすべてを自立活動の一コマとして考えよ
4 粗大運動を伸ばすためにはIMONの考え方を導入しろ
5 子どもの成長のものさしは適切か
6 子どもが登校するだけで教育の効果はある
7 「個別の指導計画」の目標を頭の中に叩き込め
8 「個別の指導計画」の引き継ぎは内容よりも理由を聞け
9 目標設定は発達段階と必要段階を考えよ
10 誤嚥 ＝ 誤嚥性肺炎ではない
11 摂食の姿勢は急に変えるな
12 正しい姿勢というのは存在しない
13 寝かされている子どもほど変形は進む
14 AACは匠にお願いしろ
15 水泳指導では陸上で教えられない動作を引き出せ
16 コミュニケーションが図れない場合には自分自身を疑え
17 補装具をつけているのも学習だ
18 医療的ケアはなぜ必要なのかを考えよ
19 保護者との連携はほめることと外部専門家の活用で決まる

1 | 特別支援教育は保護者が「今日は学校があるな」と思ったときから始まっている

　日曜日の朝、いつまでも寝ていたいのは教師だけではありません。保護者も休んでいたいと思うのは当然です。一方、学校がある日には、保護者は子どもを起こし、服を着替えさせ登校を促します。保護者が寝ている子どもを起こすことで、子どもは姿勢変換や背中等のストレッチをいつの間にか行っています。さらに子どもは保護者に着替えさせてもらうことにより、腕や脚の可動域を維持します。つまり、保護者が「今日は学校があるな」と思った時点から、特別支援教育は始まっているのです。

2 | 特別支援教育は量で勝負だ

　質が重要でないということではありません。もちろん、質の高い授業を行うことが大切なのは当たり前です。しかし、特別支援学校では、教師は登校から下校までのさまざまな場面で、子どもに対する働きかけや反応を返していきます。ですから、一時間の授業がうまくいかなかったといって落ち込む必要はありません。休み時間や給食時間、つまり一日のトータル量でカバーすればよいのです。

3 | 学校生活のすべてを自立活動の一コマとして考えよ

　ときどき、授業中にだけ力を注いで、休み時間をおろそかにしている教師を見かけることがあります。通常の学校ならばそれでいいかもしれません。しかし、特別支援学校の子どもは休み時間にさまざまなことを学んでいきます。たとえば、休み時間の排泄指導だったり、教室移動の場面等での適切な声かけや気持ちの共

感などの繰り返しは、子どもに大きな効果をもたらすはずです。教師は、授業中だけでなく、子どもに寄り添う一日の学校生活を自立活動の一コマと捉えて、教育することが大切です。

4 粗大運動を伸ばすためには IMON の考え方を導入しろ

　子どもの粗大運動を伸ばすためには、子どもが意図した動きができるか否かについて把握する必要があります。この実態に基づいて、指導の方法を変えていきましょう。仮に、私はこの考え方を IMON（意図的動きが可能かどうかを英訳すると Whether the Intended Movement is possible Or Not. となるので、その頭文字をとり IMON）と呼ぶことにしました。学校現場では、○○法や△△メソッドありきで、どの子どもにも同じ方法を行っている場合があります。しかし、意図した動きが可能かどうかで指導方法を変えていくことが、粗大運動を伸ばすためには重要です。

5 子どもの成長のものさしは適切か

　経験豊富な先生は、知的障害の子どもと重度重複障害児の成長の早さやスパンには、大きな違いがあることを感じていると思います。この違いを考えながら指導を行う必要があるのですが、知的障害児用のものさしを、そのまま重度重複障害児に当てはめている教師も見受けます。この場合には、子どもを早く変えようとする気持ちが強すぎ、結果を早急に求めてしまう傾向があるようです。

　知的障害児の場合には、日常生活動作や運動など、できないのではなく、できるがしない、またはしたくないことが少なくありません。そのため、指導を工夫することにより劇的に変化する場面がよく見られます。しかし、重度重複障害児の場合には、ほとんどができない状態からスタートするため、劇的な変化は望めません。そこをきちんと踏まえて指導にあたることがとても重要です。

6 | 子どもが登校するだけで特別支援教育の効果はある

　重度重複障害児を初めて担当する先生方から、「どのように教えればいいのか、どういう声かけが適切なのかよくわかりません」という声を聞くことがあります。でも、心配することはありません。子どもは学校へ行くだけで、健康の保持や環境の把握などさまざまな学習を行っています。登校する日の朝、起きたときは姿勢変換や可動域の維持、車に乗ってくるときには前庭覚へのゆれの刺激などが入ります。さらに、学校へ到着すると、たくさんの先生方に「おはよう」の声かけをしてもらいながら視覚や聴覚刺激を受けることになります。学校では、朝の会から帰りの会まで、さまざまな刺激を受けたり、姿勢変換をしたり、一日中寄り添ってくれる教師から驚くほどいろいろな学習をしているはずです。教師には教えている気持ちがないような些細なことでも、在宅で寝ていることと比較すると格段の学習を行っているといえます。

7 | 「個別の指導計画」の目標を頭の中に叩き込め

　各学校の「個別の指導計画」を見ると、素晴らしい内容が記載されています。でも、ときどき「この子どもの目標はなんですか」と聞くと、「なんでしたかね？『個別の指導計画』を見てみます」という答えが返ってくる場合があります。少なく

とも、子どもの目標だけは、常に頭に入れて教育してください。そのことは、日々の授業や学校生活で、子どもに対する接し方を大きく変えてくれるはずです。

8 | 「個別の指導計画」の引き継ぎは内容よりも理由を聞け

　子どもについての引き継ぎは、学習内容を中心に行われていることが多いような気がします。ときどき「この学習はなぜやっているのですか？」と聞くと、「前の担任がやっていたので」とか、「病院のセラピストがやっていたので」という答えが返ってきます。ど

の学習内容にも必ず設定した理由があるはずです。その理由を把握したら、同じ目的でも、もっと効果的な学習内容を思いつくかもしれません。常に"なぜこの学習を行っているか"を把握することが大切です。

9 目標設定は発達段階と必要段階を考えよ

　目標設定は、子どもの発達段階を考慮して行われることが多いようです。もちろん、その考え方を否定するわけではありません。しかし、私たちの暮らす環境は、完全に成長した人を想定して設定されています。そのため、発達段階の途中の動きでは生活に困ることも少なくありません。発達段階と必要段階または汎用回数は必ずしも一致しないのです。たとえば、ストローを使えるようになる時期は、コップ飲みができるようになる時期より遅いですが、日常生活で外出したときには、コップ飲みができるより、ストローを使えるほうが便利な場面が多いと思います。つまり、目標は発達段階に必要段階を加味して設定していくことが大切です。

10 誤嚥 ＝ 誤嚥性肺炎ではない

　誤嚥はほとんどの先生がご存知のことだと思います。健康な人でも寝ている間に誤嚥しています。しかし、誤嚥性肺炎にはなりません。これは肺機能が低下していないからです。食べ物の誤嚥防止とともに、重要なことは、子どもの肺機能の低下を防ぐことです。定期的な姿勢変換はもちろん、唾液中の細菌を減少させるための口腔ケアは不可欠です。つまり、誤嚥性肺炎の防止は、摂食時だけではなく、総合的に子どもを支援していくことが重要になります。

11 摂食の姿勢は急に変えるな

　体幹を30〜60度仰臥位(ぎょうがい)にし、頸部を前屈させ、口唇閉鎖を促しながら食べさせるのが、誤嚥しにくい姿勢だといわれています。よく、摂食研修があった後に、急に子どもをこの姿勢にして食べさせている教師を見かけます。確かにこの姿勢

により、誤嚥のリスクは減少すると思います。しかし、子どもとしては、急に生まれてから今までとったことのない姿勢で食べさせられては、食事どころではありません。食事よりも姿勢のほうが気になって、ストレスもたまるし食欲も落ちるでしょう。しかも、保護者との連携が図られていない場合には、自宅での2食は、違う姿勢で食べることになります。また、急に頸部を前屈しすぎると、甲状軟骨（喉仏）の上りが悪くなり、飲み込みが滞るかもしれません。姿勢は少しずつ子どもが受け入れる範囲で、保護者ときちんと連携を図りながら変えていくことが大切です。

12 正しい姿勢というのは存在しない

　子どもには正しい姿勢をとらせることが大切です。よく聞く話ですが、では正しい姿勢とはどんな姿勢でしょうか。たとえば、寝るときに「正しい姿勢で寝なさい」と言われたら、仰臥位、大の字、側臥位、腹臥位……よくわかりません。姿勢は、目的によって変えていく必要があります。最も大切なことは、どんな姿勢でも長時間、同一姿勢を続けていると正しい姿勢にはならないということです。

13 寝かされている子どもほど変形は進む

　側弯や変形は重力が原因と思われている先生も多いかもしれません。老人の場合にはその要因が大きいのですが、子どもの場合には長い間寝たきり、つまり重力のかからない除重力肢位であっても側弯や変形は進みます。筋緊張の左右差など、いくつかの原因が指摘されています。私の経験では、むしろ寝ている時間が長い子どもほど側弯や変形は進んでいま

す。日本重症心身障害学会で、脳性麻痺の研究で著名なあるドクターも「寝かされている子どもほど変形や側弯が進んでいる」と言われていました。だから、なるべく子どもの実態に応じて、学校生活の中に子どもが抗重力位（重力に対して抗する姿勢：座位、立位など）になる時間帯を設けることが必要です。

14 AACは匠にお願いしろ

　ますますICTが発展してきている現在、ハイテクなAAC（拡大・代替コミュニケーション）の研修が大切なことは言うまでもありません。しかし、情報機器の苦手な人は、いくら研修しても理解が進まないことがあります。情報機器に関しては、趣味でICTをやっている"匠"のような先生が各県に数人はいます。ハイテクコミュニケーションのAACの場合は、その人たちと連携を図り、子どもの実態、使用する目的、簡便性などを相談してアドバイスをもらうほうが、より効果的に活用できる可能性が高いと思います。子どものためにも、匠にお願いして適切な機器をすぐに活用したほうがいいでしょう。教師は技術者ではありません。担任として、子どもにどのようなAACが必要かを把握していることが最も大切なことになります。

15 水泳指導では陸上で教えられない動作を引き出せ

　水泳指導は多くの学校で行われていると思います。いくつか水泳指導に関する本が出版されていて、目的にリラクセーションの獲得などが挙げられていますが、その目的以外に、新しい動作の獲得も可能です。水の中では子どもは除重力下に置かれます。そのため、陸上では見られなかった動きが見られることがあります。筆者の実践の中でも、脚の交互性が見られなかった子どもに、水中で初めてその動きが見られたことがありました。

16 コミュニケーションが図れない場合には自分自身を疑え

　重度重複障害児は、コミュニケーションが図れない場合が少なくないと思います。しかし、その前にもう一度、コミュニケーションが図れないということはどういうことか考えてみてください。送り手と受け手がいて成り立つのがコミュニケーションです。コミュニケーションが

図れない場合、送り手は教師か子どもで、受け手も教師か子どもになると思います。つまり、送り手の工夫や受け手の感度が上がれば、コミュニケーションが成り立つかもしれないということを、常に頭の中に入れて子どもと接することが肝要です。

17 補装具をつけているのも学習だ

　補装具をつけていることは、体の部位を無理やり矯正しているだけで、学習ではないと考えている先生も多いのではないでしょうか。確かにそういう面もあるかもしれません。しかし、見方を変えると立派な学習です。たとえば、子どもをモールド型の座位保持椅子に乗せるとします。補装具は基本的には子どもの体に適するように製作されているので、座位保持椅子に子どもの体をうまく乗せられない場合には、体が大きくなった、服をたくさん着ている、または変形が進んだなどの要因が考えられ、教師は子どもの実態を把握することが可能です。一方、子どもはモールド型の座位保持椅子に乗せてもらうために、教師に体を矯正してもらうことになります。また、座位保持椅子に乗った後、モールドされた状態に体幹を合わせている必要があります。それにより、適切な姿勢を受け入れる学習をしていると考えられます。

18 医療的ケアはなぜ必要なのかを考えよ

　医療的ケアについては、各都道府県で教師の実施できる内容が異なっています。医療的ケアの実施内容が違っても、大切なことは担当の子どもがなぜ医療的ケアを行う必要があるのかを理解しておくことです。担当する子どもに、痰の吸引がなぜ必要なのか、経管栄養がなぜ必要なのか、なぜ導尿なのか、これらのことを考えていくと、子どもに何をすればよいのかがわかります。たとえば、痰の吸引を例に考えると、吸引をすることで呼吸が楽になる。でも、担当の子どもがゼコゼコ音がするけど、吸引してもらえない。「なぜですか？」と尋ねると、「ゼコゼコが肺の奥で吸引が難しいです」という回答が返ってくる。吸引できるようにするためには、喉の近くまで痰を移動させることが必要だとわかります。これは経管栄養の場合も同じです。なぜ経管栄養なのかを聞くと、「口から食べると誤嚥して、誤嚥性肺炎を起す可能性があるからです」というような回答が返ってくるでしょう。ということは、「もしかすると、経管栄養でも胃から逆流したら、その逆流した物を誤嚥するのでは？」との疑問がわきます。結果として、子どもになるべく逆流しないような姿勢をとらせる必要があることに気づきます。

19 保護者との連携はほめることと外部専門家の活用で決まる

　保護者との連携の必要性は、日々痛感されていることと思います。「家庭と学校のやり方が違うんだよ」「保護者に学校の教育内容を理解してもらえないよ」など、よく聞く話です。しかし、保護者と教師の両者の「子どもを伸ばしたい」という思いは一緒です。つまり、目標は一緒で手段が異なることになります。全く違った目標の人たちが一つになるということではないので、実は教師と保護者との連携はそこまで難しくないと考えていいでしょう。保護者に、「この先生は子どものことをよく見てくれてるな」「家庭の事情をよく理解しているな」などの思いを抱かせることが大切です。最も効果的な方法はほめることです。しかし、子どもをほめるのとは違い、上から目線でほめてはいけません。ほめるというよりも尊敬する気持ちが大切です。そのためには、保護者の立場に立って考えてみましょう。子どもが生まれてから今まで、多くの困難があったことを想定することは、簡単なことではないでしょうか。そう思うと、自然と保護者を尊敬する気持ちがわいてくると思います。また、家庭と学校とで、教育内容や方法に大きな違いがある場合には、外部専門家に説明してもらうと、うまくいくことが少なくありません。外部専門家の活用は教師への指導助言とともに、教師と保護者の連携のためにかなり有効な手段です。

第1章

自立活動

① 「自立活動の時間における指導」と 「教育活動全体を通じて適切に行う指導」の関係

　重度重複障害児教育では、自立活動が教育課程の中心に置かれることに対して、疑問を持つ人は少ないと思います。そのため、「自立活動の時間における指導」のみに力を入れて、自立活動を行っている先生を見かける場合もあります。しかし、ご存じのとおり、自立活動については「教育活動全体を通じて適切に行う指導」（特別支援学校学習指導要領）となっています。ここに、自立活動と病院の訓練との大きな違いがあります。よく、保護者から「自立活動と病院の訓練との違いはなんですか？」と質問を受けることがありました。特別支援学校の教師になりたての頃は、子どもの自主性を重んじて行うのが自立活動で、セラピスト主体に行うのが病院の訓練だと思っていました。しかし、病院の訓練を見学に行くと、子どもの自主性を十分に重んじ動きを出させており、病院の訓練と自立活動との違いがわかりませんでした。最近では、病院の訓練は心身機能の向上と維持等を目的とする医療活動で、自立活動は学習上又は生活上の課題の改善・克服に主体的に取り組む教育活動といわれています。しかし、病院の訓練でも学習上や生活上の課題を改善・克服するために行われている場合が少なくありません。長い間自立活動専任をしているうちに、一日の学校生活を自立活動の一コマと捉える必要があることに気づかされました。これが病院の訓練と自立活動との大きな違いだったのです。つまり、自立活動は学校生活そのものだといえます。

　もっと極端にいうと、「今日は学校のある日ね」と保護者が思った瞬間から、自立活動は始まっています。子どもを登校させるために、保護者は子どもを起こし学校へ連れて行きます。この過程では、子どもの姿勢変換や覚醒水準を高めていることになります。さらに、保護者は子どもを着替えさせるために手足を曲げたり伸ばしたりして、子どもの関節可動域を維持しています。家庭で覚醒水準を高めてもらった子どもは学校へ行くと、必ず、先生方に声かけや姿勢変換など、一日を通してさまざまなことをやってもらえます。これらの毎日の学校生活の繰り返しが、子どもに健康の保持や環境の把握、さらには人間関係の形成等を促しているのです。つまり、週5日間、子どもは絶えず多くの支援や刺激を受けながら成長していきます。これが自立活動と病院の訓練との大きな違いになるのです。たとえば、病院の訓練を50分の週2回と考えると、「自立活動の時間における指導」は学校によって違いますが、50分を週3〜4回ぐらいでしょうか。これでは、両者の量的な差はあまり見られません。

　しかし、学校生活全体が自立活動だと考えると、非常に多くの時間、自立活動を行っていたことになります。しかも、今現在、暮らしている環境に応じた自立

活動なのでとても効果があるはずです。

　たとえば、休み時間に子どもをトイレに連れて行ったとしましょう。そのとき、どのようなことを子どもは学習するでしょうか。自立活動の内容のすべてを考えるとあまりにも多いので、粗大運動だけに絞って、子どもが車椅子から洋式トイレに座るときには、どのような動作が必要なのか抜き出してみます。教師の支援を受けて用を足す子どもの場合には、車椅子から、一度トイレのバーなどをつかんで立ってもらい、教師がズボンとパンツを下げます。その後、洋式トイレに座ってもらうことになります。このときには以下のような動作が必要です。

① 教師の支援を受け、車椅子から立ち上がる。ズボンとパンツを下げてもらう間、バーを握って立っている。
② 教師の支援を受けながら洋式トイレに座る。
③ 用を足すまで座っている。
④ 洋式トイレから教師の支援を受けて立ち上がる。
⑤ ズボンとパンツをはかせてもらう間、バーを握って立っている。
⑥ パンツ、ズボンをはかせてもらった後、車椅子に座る。

　大きく分けると、このような動きになると思います。教師は、トイレに子どもを連れて行くだけで、子どもがこれらの動きを習得しているのか、もし、習得できていないとしたら、どの動きなのか、さらに、子どもの動作を支援する場合にはどのようなことが必要で、最終的には、もう少しこういう力を子ども自身が身に付けていることが、教師を含め介助する側にとってとても有効になるということがわかります。もちろん、それとともに、子どもは、生活の環境を生き抜く力（バーを握って立っている。洋式トイレに座っているなど）を形成していきます。そして、この力が生きる力につながっていきます。

　このように考えると、「教育活動全体を通じて適切に行う指導」では、教師は子

どもの実態を明確に把握したり評価したりしているだけでなく、生活の環境を生き抜く力を育成しているということになります。これが、自立活動と病院の訓練との大きな違いだと私は考えています。というのも、セラピストが子どもをトイレに連れて行き排泄指導をしたり、おむつを替えたりする姿を私はあまり目にしたことがありません。一方、教師は「教育活動全体を通じて適切に行う指導」において、子どもに寄り添いながら、子どもの明確な実態把握と目標を設定することができ、さらには子どもの環境で生き抜く力を育成することが可能です。この説明だけだと、「自立活動の時間における指導」はいらないという理論になるのではと思われるかもしれません。しかし、そういうことにはなりません。なぜなら、前の例で考えると、車椅子から立ち上がる動作やバーを握って立っている動作、洋式トイレに座っている動作は、一日数回の排泄指導だけでは身に付かないことがほとんどだからです。確実に身に付けるためには、時間を設定して学習する必要があります。これが「自立活動の時間における指導」になっていきます。つまり、「自立活動の時間における指導」で、環境を生き抜く力の土台をつけていくのです。それが実際に活用できるか、もしできないとしたら、どのような内容なのかをきちんとチェックし、さらには生活に般化させていく指導が、「教育活動全体を通じて適切に行う指導」と考えてもらえばいいと思います。

　これは、知的障害のある子どもの場合も同様に考えてよいでしょう。たとえば、コミュニケーション面で障害のある子どもの場合を考えてみましょう。この場合には、絵カードの活用やVOCA（Voice Output Communication Aid：音声出力コミュニケーション装置）などの活用手段を学習するのは、「自立活動の時間における指導」であり、実際に生活で活用できるか、もしできないとしたらどのような内容かをチェックする学習が「教育活動全体を通じて適切に行う指導」になります。このように、常に自立活動の2つの指導を両輪として、それらが有機的に絡み合うことで、初めて自立活動の指導が効果的に働くことになるのです。

② 粗大運動を身に付けるための自立活動

　「自立活動の時間における指導」では、さまざまな学習内容が行われていると思いますが、ここでは粗大運動を身に付けるための自立活動について述べていきます。

　自立活動の「身体の動き」に関する内容では、粗大運動の向上を目指すことを中心に行っている学校が多いと思います。私自身、自立活動の専任を16年間行ってきて、粗大運動を向上させるために、十数種類の〇〇法、△△メソッド、××アプローチなどを学んできました。どの方法が効果があるかは、子どもの実

態によっても変わったので、一概に○○法が一番効果がありましたとはいえません。しかし、どの実態の子どもにも、一様の効果が認められたのは、「Functional Physical Therapy」（日本では、「機能的治療アプローチ」または「機能的理学療法」と呼ばれている場合が多い）だったと思います。この方法は、オランダの Marjolijn Ketelaar が開発した方法で、日本では、もう亡くなられましたが今川忠男氏が中心となって普及されていました。この方法はとても教育に導入しやすいアプローチだと思いますので、以下に説明します。

③ 「機能的治療アプローチ」とは

　Ketelaar が開発した「機能的治療アプローチ」とは、子どもが日常生活で経験する具体的な運動技能に関する問題点の解決に焦点を当てたプログラムで、目標はこれらの問題点と直接関連するものでなければならないとしています。図 1-1 は「機能的治療アプローチ」の各段階（「脳性まひ児と両親のための機能的治療アプローチ」から引用）です。このような段階の施行の流れは、「個別の指導計画」を作成し、それをもとに PDCA サイクルを実践している特別支援教育とほとんど同じ形式と感じられるのではないでしょうか。もちろん、細かくいうと、両者の各段

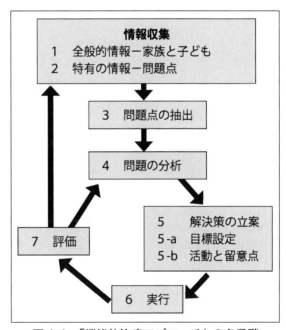

図 1-1　「機能的治療アプローチ」の各段階
（Marjolijn Ketelaar　今川忠男監訳（2004）「脳性まひ児と両親のための機能的治療アプローチ」P131 から引用）

階の内容については、多少の違いはありますが、大まかに見ると、この「機能的治療アプローチ」は特別支援教育で実施されている内容に非常に近いということがいえます。
　もう少し例を挙げて、この「機能的治療アプローチ」について説明します。先ほどと同様に、車椅子から洋式トイレに座ることについて考えてみましょう。この場合、教師は子どもをトイレに連れて行くことで、子どもがどういう動作を身に付ければ、トイレでうまく用を足せるかを明確にすることができました。そして、その動作を身に付けるように「自立活動の時間における指導」に取り組んで

いきます。たとえば、子どもがトイレのバーをつかんで立っていることができないのであれば、その動作を習得できるように学習します。ですから、とても目標とゴールがわかりやすく、目標の動作を達成できたときには、そのままその動作が日常生活に生かされるということになります。つまり、「自立活動の時間における指導」でできたことが、そのまま子どもの生活の質の向上につながります。

　一方、私の経験では他の指導方法やメソッドは、あまり生活に密着していない場合が多いと感じました。たとえば、どんなに「自立活動の時間における指導」で筋緊張を落としても、活動する場面ではすぐに緊張が強くなります。つまり、「自立活動の時間における指導」と日常生活や学校生活は別なものとして実施されていた可能性があります。さらに、「機能的治療アプローチ」では、「自立活動の時間における指導」の内容が直接、日常生活または学校生活に生かされます。もちろん「機能的治療アプローチ」も短所がないわけではありません。たとえば、指示が通りにくい子どもに、バーをつかんで立っていることをどのように教えるのか。また、バーをつかむことを教えることは、全体的な運動機能の成長を促しているのか。全く寝たきりの子どもはどうするのか、などが挙がってくると思います。この「機能的治療アプローチ」についての長所と短所を表 1-1 に示します。

表 1-1 　「機能的治療アプローチ」の長所と短所

長　　　　所
・目標設定の理由が明確である ・目標がわかりやすい ・ゴールがわかりやすい ・目標が達成された場合、すぐに生活につなげられる
短　　　　所
・指示が通りにくい子どもに、目標の動作をどのように教えるのか ・必ずしも、目標の動作を日頃実施している環境で教えられるとは限らない ・目標の動作ができるようになることが、運動機能の全体的な成長を促しているのかはわからない ・全く動きが見られない子どもに目標設定が可能か ・どのような目標の動作が生活で必要なのかわからない場合もある

　このように、「機能的治療アプローチ」の短所も少なくありません。このことを考慮すると、すべての子どもに適応というわけではないかもしれません。そこで、どのような子どもに、「機能的治療アプローチ」の活用が適切なのかを考察してみました。

　粗大運動の発達に対する指導方法は、発達段階に沿って指導していく方法と、子どもの必要に応じて指導していく方法である「機能的治療アプローチ」の2つに大きく分かれると思います。粗大運動の発達段階に沿って指導し、粗大運動が発達していく子どもには、今現在行われている一般的な指導方法でよいと思います。しかし、発達段階に沿って指導しても、粗大運動の発達が見られない場合には、

| 第1章 | 自立活動

「機能的治療アプローチ」の導入を考えていくことが必要でしょう。粗大運動の発達が見られるかどうかの見極めとしては、数年間同じ目標を繰り返し設定しているが伸びが見られない子どもの場合には、粗大運動の発達が難しいと捉えることが妥当だと思います。このような方法により、粗大運動の発達が難しい子どもを判断することは可能ですが、これでは数年間同じ目標を設定し、変容の見られない無駄な時間を費やすことになります。私の経験では、粗大運動の発達が難しい子どもの実態として、意図的な動きが難しい子どもであることがほとんどでした。もちろん、子どもの年齢や認知レベルなど、総合的に見ていく必要はありますが、大きく捉えると、意図的な動きが可能かどうかが、粗大運動が伸びるかどうかと考えてよいと思います。つまり、粗大運動を伸ばしていくためには、意図的な動きが可能か否かに分けて指導していくことが重要になります。

一方、Ketelaar は「機能的治療アプローチ」の特徴として、以下の4点を挙げています。

---

① 具体的で機能的な目標を設定すること
② 指導を機能的な場面（有意義な環境）で行うこと
③ 子どもが能動的な役割を果たすこと
④ 実施プログラムのすべての段階、過程（目標設定、意思決定、日常生活での実施、目標達成度の評価等）に、保護者が積極的に参加すること

重度重複障害児の場合には、「機能的治療アプローチ」の①～④の特徴のすべてを満たすことは難しいと思います。そこで、今後、さらに障害の重度重複化が想定される特別支援学校の子どもに対する「機能的治療アプローチ」は、どのような特徴を有することが必要か考えてみます。

（1）具体的で機能的な目標を設定すること

具体的で機能的な目標を設定することに関しては、重度重複障害児では子どものみでできる機能的な目標の設定が難しいことが少なくありません。今後、子どもの障害の重度化を想定すると、子どものみで可能な機能的な目標を設定することはますます困難になってくるでしょう。そこで、設定する機能的な目標をさらに細かく分解し、目標で子どもが行う動きを、より小さくしていくことにより、重度重複障害児でも実施可能な機能的な目標として設定することができる可能性が出てくると思います。つまり、目標の動作の一部に子どもが参加できていれば、それを認めるという考え方です。たとえば、寝たきりの子どもの場合には、「自分自身でズボンを脱ぎ着する」という目標は適切ではありません。しかし、「教師がズボンを脱がせたりはかせたりするときに、教師の合図でお尻をあげられる」という目標であれば、可能な子どもも少しは出てくるのではないでしょうか。つ

まり、ズボンを脱いだりはいたりする動作の多くは、教師の手によって行われますが、その動作の一部にだけでも、子どもが参加することを機能的な目標とすることになります。

（2）指導を機能的な場面（有意義な環境）で行うこと

　指導を機能的な場面（有意義な環境）で行うことに関しては、一日の学校生活の流れの中で指導していくことが大切です。つまり、「自立活動の時間における指導」とともに「教育活動全体を通じて適切に行う指導」により、目標を般化していきます。

（3）子どもが能動的な役割を果たすこと

　子どもが能動的な役割を果たすことに関しては、近年の特別支援学校の実態から、難しい場合も多いと思われます。子どもに応じて適切な強化子を設定することで、子どもの能動的な動きをなるべく引き出していく必要があります。

　さらに、子どもの拒否せずに受け入れる姿勢を能動的と捉えていくことが必要でしょう。たとえば、「姿勢変換をしてもらうときに、体幹の緊張をゆるめて姿勢変換を受け入れる」というように、教師や保護者の支援に、子どもの能動的な受け入れる姿勢を加えることで、一つの機能的な目標（姿勢変換を行う）が成立するという考え方が、今後は不可欠になってきます。

（4）実施プログラムのすべての段階、過程（目標設定、意思決定、日常生活での実施、目標達成度の評価等）に、保護者が積極的に参加すること

　実施プログラムのすべての段階、過程（目標設定、意思決定、日常生活での実施、目標達成度の評価等）に、保護者が積極的に参加することに関しては、自立活動の指導では「個別の指導計画」を基に、保護者と相談しながら PDCA サイクルを実施し、子どもを伸ばしています。実際に、保護者が指導を行うことは少ないかもしれませんが、十分参加していると考えられます。

　これらのことを総合的に考えると、Ketelaar の「機能的治療アプローチ」の特徴は、今現在の特別支援学校の子どもや今後障害が重度化する子どもを想定したときには、以下のように直すことが必要でしょう。

① 具体的で機能的な目標を設定すること
　（子どもが目標の一部にしか参加できない場合も、目標が設定できたと捉えること）
② 指導は機能的な場面（教育活動全体を通じて適切に行う指導）と時間を設定した場面
　（自立活動の時間における指導）の両場面で行うこと

③ 子どもが能動的な役割を果たすこと

　　（子どもが拒否せず教師の支援を受け入れる態度を能動的な姿勢と捉えること、また子どもがなるべく能動的に目標を行えるように適切な強化子を設定すること）

④ 目標は機能的な場面（教育活動全体を通じて適切に行う指導）で、必ず一日数回は実施すること

⑤ 目標の設定や評価などに保護者が参加すること

　私自身の実践から、この５つの特徴を持つことが絶対条件であると感じています。しかし、「機能的治療アプローチ」は、この５つの特徴で、最も効果が見られるのかはエビデンスがあるわけではありません。あくまでも、私自身の実践経験から設定した特徴です。日々の先生方の実践で、どんどん証明や修正をしていただけるとありがたいです。

④ IMON の考え方について

　冒頭に記した「19 の掟」で、粗大運動を伸ばしていくためには、意図的な動きが可能か否かに分けて指導していくことが必要だと述べましたが、この考え方を、仮に IMON（意図的な動きが可能か否かを英訳すると Whether the **I**ntended **M**ovement is possible **O**r **N**ot となるので、その頭文字をとり、IMON）と呼ぶことにします。

　今までの指導方法は、どの実態の子どもにも適応する方法として構築されている場合が多く、子どもの実態に応じて指導方法を変えるということは少なかったように思います。しかし、実際には、子どもの実態により、効果的な指導方法が変わってくることは、ベテランの先生はよくご存じだと思います。そのため、多くの先生は子どもの実態に応じて適切な指導方法を取捨選択して活用しています。しかし、どの実態の子どもには、どの指導方法が効果的であるという内容は今まで述べられていないのではないでしょうか。この IMON の考え方の特徴は、子どもの実態を大きく二分し、指導方法を変えて指導することにあります。この考え方を説明していきます。

　子どもの実態を大きく２つに分けて考えます。

（1）意図的に体を動かせる子ども
（2）不随意運動[1] や麻痺があり意図的に体を動かせない状態の子ども

子どもの実態が、上記（1）（2）のどちらになるかで、大きく指導方法を変えていきます。

（1）意図的に体を動かせる子ども

　意図的に体を動かせる子どもの場合の疾患は、染色体異常、遺伝子疾患や精神運動発達遅滞などが中心になります。子どもは、自由な動きを持っており、動きができないのではなく、したくない、またはする必要性がないという場合がほとんどです。これらの子どもの場合には、全体の発達を促す指導を行っていけば、少しずつ成長が見られます。粗大運動のマイルストーン（子どもの粗大運動がどの段階まで進んでいるかの指標。頸のすわり、寝返り、ハイハイなど）に沿って、粗大運動を教えていけば、日常の環境に応じた動きも自然と身に付いていきます。たとえば、床での座位を身に付けさせると、洋式トイレにも座れるようになります。つまり、粗大運動のマイルストーンを身に付けることにより、環境に応じた動作が自然と身に付いていきます。また、ゆっくりではありますが着実に成長します。自力歩行できなかった子どもが、小学部の高学年で歩行を開始したりすることもありました。しかし、難治性のてんかんを有している子どもや極端に認知レベルが低い子どもでは、粗大運動の伸びが見られない場合があります。また、側弯[2]や変形、体の奇形のために粗大運動自体が禁止されている子どももいます。その場合には、医師やセラピストおよび義肢装具会社の方と密な連携を図ることで、その部位を補助する補装具などを導入し、粗大運動が可能になる場合もありました。もちろん、意図的に体を動かせる子どもでも、数年間、粗大運動の発達段階に沿った指導で、伸びが見られない場合には、「機能的治療アプローチ」の考え方を導入する必要があると思います。

（2）不随意運動や麻痺があり意図的に体を動かせない状態の子ども

　一方、不随意運動や麻痺があり意図的に体を動かせない状態の子どもは、脳性麻痺[3]、脳炎後遺症[4]、脳症[5]などの中枢性の麻痺を有する子どもになります。この子どもの場合には、2002年にRosenbaumが発表した論文（脳性麻痺における粗大運動の予後）の内容のような粗大運動の伸びになると考えられます。この論文の内容が大きく変わるような画期的な指導法は、いまだに発表されていません。図1-2は、脳性麻痺児の粗大運動の成長を経時的に追ったものです（Rosenbaum, 2002）。縦軸のGMFM-66 Scoreとは、粗大運動能力尺度のことで、たとえば、立位の項目では、「床から大きなベンチにつかまって立ちあがる」「立位を上肢の支えなしで3秒間保持する」「立位で大きなベンチに片手を使って3秒間右足を持ち上げる」などのような発達尺度があります。このような尺度が、臥位から歩行まで66項目あり、それがどのくらいできるかを示しています。横

軸は年齢で、何歳のときに、粗大運動がどの程度できるかを表したグラフが曲線になります。また、図中にLevel Ⅰ～Ⅴの表示がありますが、これはGMFCS（粗大運動能力分類システム）で、脳性麻痺の重症度の分類尺度です。Level Ⅰ～Ⅴまであり、Level Ⅰが一番軽く、Level Ⅴが一番重くなります。

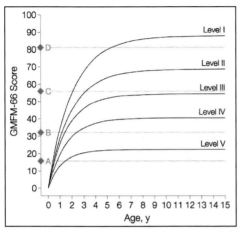

図1-2　脳性麻痺児の粗大運動の経時的変化
（Rosenbaum et al., 2002から引用）

Level Ⅰ：制限なしに歩く
Level Ⅱ：歩行補助具なしに歩くが屋外と近隣を歩く際に制限あり
Level Ⅲ：歩行補助具を使って歩く
Level Ⅳ：自力移動が制限
Level Ⅴ：補完的な技術（電動車椅子や環境制御装置[6]）などを使っても自力移動が非常に制限される
（粗大運動能力分類システム－改訂日本語版 ver. 1.2-から引用）
A：頸が座る
B：座位が保持できる
C：10歩歩行できる
D：階段を上ることができる

図1-2から、小学部入学時期の7歳以降を考えてみてください。粗大運動の伸びはどうでしょうか。就学以降、どのレベルの子どもも、ほとんどGMFMの運動能力尺度で測った場合には、粗大運動の発達が見られないことがわかります。この事実は、私自身も自立活動を行いながら実感してきました。現在、脳性麻痺児に対するさまざまな訓練方法がありますが、この結果を大きく変える方法は、残念ながら今のところ発表されていません。ということは、脳性麻痺児の粗大運動は伸びないということになります。確かに、このGMFMの運動能力尺度で測った場合には伸びは難しいというのが現実のようです。そこで、考えられる自立活動が、「機能的治療アプローチ」になってきます。「機能的治療アプローチ」は、先ほども述べたように、ある環境下でその動作のみに着目して教えていきます。そのため、脳性麻痺児でも有効である場合がかなり見られました。たとえば、おむつを替えるときに、少しだけお尻をあげてくれる。または、はさみ肢位（脚がクロスになった状態）の緊張をゆるめてくれるなど、こういう内容はGMFMの運動能力尺度には存在しません。そのため、GMFM-66 Scoreで評価しても、成長は見られないのです。しかしながら、このような内容は、教師や保護者を中心とした子どもと一緒に生活している人々にはとても有益な動作となります。つまり、このような動作を確立したり蓄積したりしていくことが、子どもと共に暮らす人々を積極的に動かす要因となり、最終的には子ども自身の生活を豊かにしてくれることにつながっていくことになるはずです。このRosenbaum（2002）の

論文は脳性麻痺児に限ったものでしたが、脳性麻痺児以外にも、髄膜炎後遺症[7]、脳炎後遺症、脳症などの中枢性麻痺を有し、意図的に体を動かせない子どもには適用できる論文だと思います。

　子どもの実態を大きく、「意図的に体を動かせる状態」と「不随意運動や麻痺があり意図的に体を動かせない状態」に分けて説明しましたが、もちろん、これらに年齢が関係したり、必要性や認知レベルも大いに関与してきます。「意図的に体を動かせる状態」である子どもでも、中・高等部の子どもであれば、「機能的治療アプローチ」の考え方を中心に粗大運動を伸ばしていくことが適切であり、日常生活の中で、是非とも習得させたい動作が決まっていれば、その動作を集中的に教えていくことも必要です。

⑤ 質とともに量を重視した自立活動へ

　授業研究などでは授業の'質'が重要だといわれています。もちろん、授業の質は高ければ高いほど、教育効果が大きいことは間違いありません。しかし、重度重複障害児に10年以上接してきた教師と今まで一度も接したことのない新任の教師では、このような子どもに接する質に差が出てくることは仕方のないことではないでしょうか。また、数十年間、重度重複障害児に接しているセラピストと新任の教師では、どう考えても同じように子どもに接することは難しいでしょう。しかし、特別支援学校の環境は、質を補うだけの'量'を確保させてくれます。ここに特別支援学校の素晴らしさと、どの教師でも子どもを成長させていける魅力があります。特別支援学校で、子どもを成長させるのは、一時間の授業ではなく、子どもに対する一日の関わり方だと思います。こういうと、質重視の傾向にある現在の考え方に逆行しているようですが、質の高い授業を目指すことは当たり前のことであり、何ら否定するものではありません。ただ、特別支援学校の場合には、学校生活の一日を授業の一コマとして子どもに接することが可能であり、そのことが質を十分に補ってくれます。つまり、特別支援学校は通常の学校とは違い、質を補うだけの量が十分確保された教育現場といえるでしょう。

　特別支援学校では、休み時間が貴重な学習の時間だということは現場の先生方はもちろん感じていらっしゃると思います。たとえば、休み時間に、排泄を行う子ども、先生と一緒に遊ぶ子ども、友だちと一緒に遊ぶ子ども、どの子どもにしても休み時間にも生きる力を育成していることは間違いない事実です。よく、先生方から、セラピストのように上手に子どもに接することができないとか、どう接していいのかわからないなどの声を聞きますが、特別支援学校の教師は、一時

間の授業やハンドリング（セラピストの手で子どもの動きを誘導すること）のみで子どもを成長させているのではありません。それらを含め、一日の流れの中で子どもを成長させていきます。だから、すばらしい授業を1、2時間する教師よりも、たとえ質が少々見劣りしたとしても、一日中子どもに熱心に寄り添っている教師のほうが子どもを伸ばしていることは間違いありません。子どもは学校へ来るだけでも、素晴らしい自立活動になります。学校に子どもが来ると、授業や子どもへの接し方が未熟な先生であっても、朝は、子どもに「おはよう」と声をかけ、体調はどうかなと顔色を観察し、休み時間には排泄指導、給食時間には摂食指導、日常的には姿勢変換や声かけなどを行います。これらの活動は、すべて自立活動であり、この途切れのない連続した学習内容は、どんなに質の高い一コマの授業よりも効果があるはずです。結果として、週5日間、子どもは多くの支援を受けながら伸びていきます。これが、子どもの健康の保持、環境の把握、コミュニケーションなどの自立活動の内容における学習を促し、生きる力を育成していきます。この毎日の継続した教師の支援が、特別支援学校で最も効果的な教育になります。

　新任の先生で、ベテラン教師のように子どもに関わることができないと思っている先生も、特別支援学校の連続した途切れのない学校教育により、十分に質を補うことは可能なのです。私が経験した限りでは、「子どもにどう接したらいいのかわかりません」「重度重複障害児に接したことがないので不安です」などと言いつつ、毎日、毎時間、きちんと子どもに寄り添ってきた新任の先生方は、ベテランの先生方に匹敵する、またはそれ以上に子どもを伸ばしています。つまり、質を補えるだけの教育の量が、特別支援学校では、教師に対し用意されていると考えていいのです。また、特別支援学校の教師の場合、子どもの環境や時間に関わることが可能です。前出の今川氏が、施設では三間（時間、空間、人間）を考えることが重要であると述べていましたが、特別支援学校は、先生方に対し、子どもの三間（時間、空間、人間）を保障しています。この三間をいかに上手に活用できるかが、子どもを伸ばす大きな要因になります。つまり、一時間の授業の質ではなく、学校生活全体を一コマとした質の向上が求められているのです。

⑥ 子どもの成長のものさしは適切か

　重度重複障害児を担当する教師が陥りやすい点として、子どもを早く変えようとする気持ちが強すぎるため、結果を早急に求めてしまい、子どもの指導を誤ってしまう場合があります。とくに、知的障害児を中心に指導してきた先生は、子どもの成長の早さやスパンつまり、成長のものさしとして、知的障害児用のもの

さしを、重度重複障害児にも活用している場合があります。しかし、知的障害児の場合には、日常生活動作や運動など、できないのではなく、できるがしない、またはしたくないという場合が少なくありません。そのため、指導を工夫することにより劇的に変化する場面がよく見られます。しかし、重度重複障害児の場合には、ほとんどができない状態からスタートしているため、劇的な変化は望めません。そこをまずきちんと踏まえて指導にあたることがとても重要です。子どもの成長が見られないため、設定した目標をすぐに変えてしまう場面を目にすることがありますが、重度重複障害児教育の場合は、設定した目標や指導の仕方は適切であっても、効果がすぐに見られないことも少なくありません。つまり、教育の効果が見られるのは、知的障害児と違い、かなり遅くなります。教師は、そのことをしっかりと理解しておく必要があります。数日指導して結果が出ないと、指導方法や目標を変える。このような短い期間の PDCA サイクルの繰り返しでは、子どもは何を指導されたかが理解できなかったり、学習内容を習得する前に指導方法を変えられたりして、結局は何も身に付かないまま一年が過ぎていきます。しかし、重度重複障害児の場合には、指導してから子どもの変容が見られるにはかなりの時間を要することが当たり前で、まず数日の指導では大きな変容は見られません。さらに、その変容の幅も、とても小さなものであることが想定できます。つまり、子どもの成長のものさしを重度重複障害児用にきちんと設定し直し、子どもに接しないと、子どもの微細な変容に対し、心からの称賛や驚きの気持ちはわいてこないと思います。

　重度重複障害児を担当する場合には、子どもを変えようとか成長させようとか意気込んで指導するのではなく、今日も一日、子どもと楽しく遊ぼうというぐらいの感覚を持ちながら指導するほうが、子どものほんの少しの変容や反応に対し、心から「すごいねー」とか「びっくりした」などの称賛やリアクションを生起させることにつながります。このような心からの称賛やリアクションの積み重ねが、子どもを成長させていく大きな要因になっていくはずです。

⑦ ストレッチについて

　今まで、自立活動の考え方について述べてきましたが、ここからは具体的な内容について述べていきます。

　ストレッチは効果が実証されています。「脳性麻痺リハビリテーションガイドライン」（2009 年）では「持続的ストレッチは、関節可動域を改善させ、痙性[8]を減少させうるので強く勧められる：グレードＡ」となっています。このグレードＡとは行うように強く勧められる。つまりエビデンスレベル（科学的根拠のレベ

第1章 自立活動

ル）の最も高い内容です。

障害の重い子どもの場合、安静にさせることが大切だと思われがちですが、安静を続けると、体の拘縮（関節がかたまり動かなくなること）や変形などが出てきます。成人の場合、このような状態を「廃用症候群」といいますが、もちろん、子どもでも廃用症候群の状態になるので、必ず一日1回はストレッチを行うことが必要です。図1-3に寝たきりの弊害を示しました。拘縮が起こると、歩行はもちろんですが、日常生活動作をねらえなくなったり、ひどくなると、介助する側も衣服の着脱などをさせることが難しくなります。もちろん、変形は内臓や呼吸器官に負担をかけ、生命に危害を加えることは容易に想定できます。

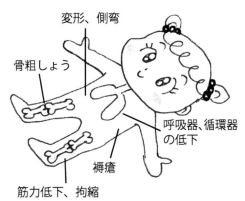

図1-3 寝たきりの弊害

ストレッチとは筋肉を伸ばす運動です。一方、筋肉とアキレス腱などには、伸ばされると縮みなさいという指令を伝える器官が存在します。つまり、急に伸ばすと、縮みなさいという指令が強く入り逆効果になることもあるのです。そのため、ストレッチはゆっくりと長い時間をかけて行うことが重要です。

ストレッチには、筋肉などの柔軟性の維持改善、血流改善、筋肉の緊張改善、神経機能の向上など、さまざまな目的があります。自分自身で運動があまりできない子どもの場合のストレッチでは、関節可動域を保つ（医療ではROM訓練と呼ばれています）目的も重要で、関節の動かせる範囲を保ちながら、拘縮や変形を予防していきます。

関節可動域訓練は以下の3つに分けることができます。

① 自動運動：自分自身で行う
② 他動運動：自分では動かせない場合に他人が行う。子どもにストレッチを行う前には必ず声かけをしてから行う
③ 自動介助運動：自分で少しは動かせる場合には介助してもらいながら動かす

写真1-1 回旋運動

自動運動ができる子どもには、自分で行える

写真1-2 お尻と腹筋の同時収縮

33

ストレッチを教えてあげることが大切です。自動運動が可能な子どもは、認知レベルが高いことが多く、そのため自立活動よりも教科優先の教育課程が組まれている場合が多いと思います。そこで、できるだけ子ども自身が取り組めるストレッチを教えてあげて、宿題にするなどの手立てを講じることが大切です。とくに子どもの苦手な回旋運動（写真1-1）やお尻と腹筋の同時収縮（写真1-2）などの運動などは危険性がないので、ぜひ教えてあげたいものです。

⑧ 下半身の拘縮予防のストレッチ

（1）股関節の屈曲、膝関節の伸展

① 子どもの左脚を行うときには、最初、自分の右手を股関節の少し下あたりに置き、左手はアキレス腱のあたりに置きます。

② 子どもの様子を見ながら、ゆっくりと膝を曲げていきます。曲がってきたら、右手を左膝の上に置き、子どもの様子を観察しながら、曲げられるところまで曲げ、写真1-3の状態で動きを止め、10を数えましょう。数え終わったら、ゆっくりと脚を伸ばしていきます。次に、脚をゆっくりと持ち上げて膝を伸ばしていきます。無理のないように写真1-4の位置で状態を保ち、膝裏の拘縮を防ぎます。

写真1-3　股関節の屈曲

写真1-4　膝の伸展

（2）股関節の外転と外旋

写真1-5のような姿勢をとれば、股関節は外転と外旋、屈曲になります。この動作では、股関節の内転筋をゆるめることが大切です。この動きを入念に行わないと、はさみ肢位（写真1-6）になり、股関節の脱臼を起こしやすく、着替えやおむつ替えも難しくなります。

股関節の脱臼とは、図1-4のようになることで、横のほうに抜ける側方脱臼が多いのです

写真1-5　股関節の外転と外旋

が、寝たきりの子どもや低緊張の子どもの場合、前に抜けたり（前方脱臼）後ろに抜けたり（後方脱臼）することもあります。この脱臼を防ぐ一番の方法は、はさみ肢位を防ぐとともに、臼蓋（骨盤のくぼみ）の中に大腿骨頭がきちんと入っ

た状態を作ることです。圧力を加えることが骨の成長を促すので、負荷をかけながら臼蓋を形成し、大腿骨頭部を臼蓋の中に入れていきます。つまり、一日の学校生活の中で、立位や膝立ちの姿勢を取り入れ、臼蓋や大腿骨頭部に圧をかけていきます。そうしないと、大腿骨頭を受け入れる骨が形成されずに臼蓋形成不全（図1-5）という状態になり、脱臼する危険性が高くなり

写真1-6　はさみ肢位

ます。学校生活の中で効果的に立位や膝立ちを取り入れていくには、朝の会や帰りの会などで立位台やプローンボード（第7章を参照）を活用することがポイントです。

　逆に、低緊張の子どもの場合には、カエル肢位（図1-6）になっている場合があるので、この場合には股関節の内転内旋のストレッチが必要です。膝関節と股関節を曲げ、ゆっくりと内側に倒していきます（写真1-7）。

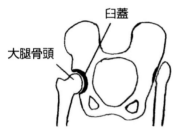

図1-4　股関節の脱臼

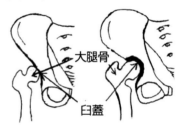

図1-5　臼蓋形成不全

図1-6　カエル肢位

写真1-7　股関節の内転

（3）股関節の伸展

　仰向けで寝たきりの子どもの場合に気づかれないことが多いのが股関節の屈曲拘縮です。股関節が屈曲すると、子どもを腹臥位にした場合、写真1-8のような姿勢になります。お尻が上に突き出て、お腹と床の間に隙間ができます。この場合には、腹臥位をとるだけでも股関節の伸

写真1-8　股関節の屈曲拘縮

写真 1-9　股関節の伸展

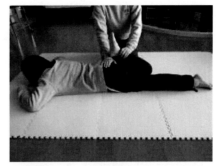
写真 1-10　大腿直筋のストレッチ

展につながります。

　ストレッチは、写真1-9のように、お尻を片手で押さえて、もう一つの手で足を上げていきます。

　さらに、写真1-10のように、片手で、お尻を押しながら、片手で膝を曲げると、大腿直筋（太ももの前側の筋）のストレッチになります。

（4）体幹のストレッチ

　最初に、ボールポジション（写真1-11）を行います。

　これは、ストレッチの基本で、体を反る異常反射を抑制し、背中、お尻、頸の筋肉を伸ばします。

　次に、体幹の回旋運動を行います。写真1-12のように、子どもの肩と腰や膝

写真 1-11　ボールポジション

写真 1-12　回旋運動

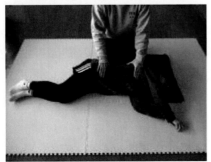
写真 1-13　側弯予防①

写真 1-14　側弯予防②

に手を置き、子どもの様子を見ながら体をねじっていきます。これは、脊柱のゆがみ防止と呼吸筋[9]（肋間筋[10]や横隔膜[11]など）や腹斜筋[12]、腰方形筋[13]などをゆるめ、変形の予防や呼吸状態を良好にします。必ず、左右とも行ってください。

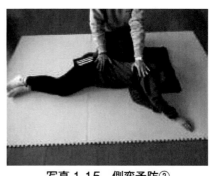

写真 1-15　側弯予防③

　この2つの動作は体幹のストレッチの基本です。どの子どもにも、この2つのストレッチは行ってください。

　側弯予防には、凹になっている側が上になる側臥位（横向き）をとらせ、写真1-13のように広げていき、その後、写真1-14、1-15のように前後に動かします。

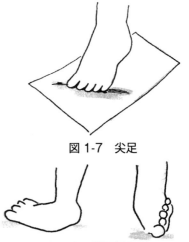

図 1-7　尖足

（5）足関節の運動

　足首が拘縮すると尖足（図1-7）になったり、逆に外反扁平足（図1-8）になったりします。これを防ぐのが大きな目的です。

図 1-8　外反扁平足

◆ 足関節の持ち方

　片手で子どもの左足を固定します。もう一方の手でアキレス腱を伸ばすように足関節を曲げていきます（写真1-16）。

　子どもによっては、写真1-17のように、腹臥位のほうがやりやすい場合があります。

写真 1-16　足関節のストレッチ①

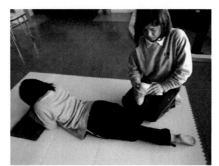

写真 1-17　足関節のストレッチ②

⑨ 上肢のストレッチ

　下肢は入念なストレッチが行われますが、上肢は意外と忘れがちなので注意しましょう。上肢の拘縮や可動域の制限は、呼吸状態や食事、書写、更衣動作に影

響してきます。

（1）胸、肩まわりのストレッチ

　呼吸は横隔膜や肋間筋が主な呼吸筋になりますが、上肢に関係している筋も呼吸補助筋[14]になるので、ストレッチすることで呼吸状態を良好にします。

　まず、胸の大胸筋[15]は、写真1-18のように、手のひらで大きく広げるような感じで、上肢の付け根から胸のあたりの筋肉をゆっくり押します。

　肩は揺さぶるような感じで、左右交互に押し下げます（写真1-19）。

　次は側臥位にして、肩関節の屈曲（写真1-20）、伸展（写真1-21）を行います。側臥位は支持面が狭いので、お尻に膝をあて倒れないように支え、子どもの筋緊張が高くならないようにします。可動域が狭くて動きが悪い場合には、肩と肩甲骨に手を置き、前後に肩を動かすだけでも少しは効果があります。

　最後に、できれば写真1-22のように万歳の姿勢をとると呼吸には効果的です。万歳は、呼吸補助筋の大胸筋や肩甲骨を動かし、背中の筋（僧帽筋[16]と広背筋[17]など）にも大きく影響します。

　肩関節は、脱臼しやすいので子どもの状態に注意しながら、ストレッチしてあげることが必要です。

（2）肘、前腕、手首のストレッチ

　子どもの状態を見ながら、肘を屈曲（写真1-23）させたり、伸展（写真1-24）させたりします。

　回内（写真1-25）、回外（写真1-26）の運動を行います。とくに、手の平を上に向ける回外の動作は難しい子どもが多いので、ゆっくり時間をかけて行いましょう。

写真1-18　大胸筋の広げ

写真1-19　肩の交互動作

写真1-20　肩関節の屈曲

写真1-21　肩関節の伸展

写真1-22　万歳の姿勢

写真 1-23　肘の屈曲

写真 1-24　肘の伸展

写真 1-25　回内

写真 1-26　回外

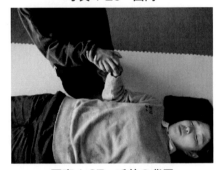
写真 1-27　手首の背屈

写真 1-28　手首の掌屈

　最後に、手首の背屈（手の甲のほうへ曲がること、写真 1-27）と掌屈（手のひら側に曲がること、写真 1-28）を行います。

⑩ ストレッチの要点

　最後に、ストレッチの要点を述べます。

> ① 絶対に無理をしません
> ② 急な動きはしません

　姿勢を急に変えると、筋に多くの負荷がかかり、痛めたり、子どもの生理状態が乱れることがあります。さらに急なストレッチは筋肉の受容器を刺激し、逆に

図1-9 てこの原理

図1-10 腹直筋のストレッチ

縮めようとする反射を起こすので要注意です。必ず声かけを行い、ストレッチはゆっくりと開始し、子どもの呼吸状態を確認しながら、呼吸が落ち着くまでその状態を維持します。

> ③ 筋緊張のバランスに左右差がある子どもでも、必ず両側行います
> ④ てこの原理を考えながら行います

寝たきりの子どもの場合には骨がもろくなっています。おむつを交換するときも、図1-9のように、てこの作用で予想外の力がかかり、骨折する場合があります。もちろん、ストレッチもてこの原理を考えながら行う必要があります。一番危なくない方法は、筋を押し込む方法です。たとえば、お腹の筋（腹直筋など）は、上から手で押し込むだけでも、図1-10のように、凹みができ、その分だけ筋は伸びることになります。

手首は、よく掌屈して拘縮している場合が多いですが、無理に背屈させずに、写真1-29のように、子どもの手を自分の両掌で包み込み、開くように押し込んでいくと、危険性が少なく開いてきます。このように、支持面を広くして危険性を少なくしていきましょう。

写真1-29 手首のストレッチ

> ⑤ 単関節筋と多関節筋を考えて行います

膝を曲げて足首のストレッチを行うと、ヒラメ筋（単関節筋）は伸びますが、腓腹筋（多関節筋）は伸びません（図1-11）。膝を伸ばした場合には、ヒラメ筋も腓腹筋も両方ストレッチされることになります。つまり、膝を伸ばして足首のス

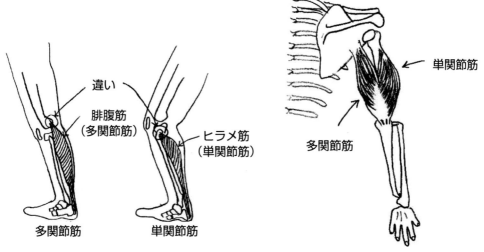

図1-11　腓腹筋とヒラメ筋の関係　　図1-12　多関節と単関節

トレッチを行うと、単関節筋と多関節筋の両方とも伸ばされるので、負担が大きくなります。足首がかたい場合には、最初は、膝を曲げてから足首を背屈（すねのほうに曲げていくこと）していくほうが、ヒラメ筋だけを伸ばすことになるので、負担が少なくなります。ヒラメ筋を伸ばした後、膝を伸ばし、足首を背屈していくと、単関節筋と多関節筋の両方の筋をストレッチしたことになります。上肢と肩の場合にも、図1-12のように、上腕三頭筋[18]は肘から肩甲骨にまたいでいる多関節筋と肘と腕をつなぐ単関節筋に分かれています。膝裏などの関節もこのようになっているので、考えながらストレッチを行ってください。

単関節筋[19]と多関節筋[20]がわからない人も多いと思いますので、最も簡単に行う方法を述べます。基本は、ストレッチする部位以外の関節は、曲がりやすいほうへ曲げておくことです。

たとえば、足首のストレッチのときには、膝を曲げておくと単関節筋のヒラメ筋だけのストレッチになり、曲がりやすくなります。これと同様に、手の指の拘縮を考えてみます。最初に肘、次に手首の関節を曲がるほうに曲げていきます。それだけで、少し指が開いてきたかもしれません。開いていなくても、かなり開きやすくなったと思います。このように考えながら、ストレッチを行ってください。

⑥ 子どもの体で動きのない部位を見つけて行います

寝たきりの子どもの場合には、全身のストレッチが必要なのはわかりますが、動きがある子どもの場合には、ストレッチは意外と忘れられがちなので気をつけましょう。このような子どもの場合には、どこの関節が硬くなっているのか、わ

かりにくい子どもも少なくありません。しかし、常に動いているように見える子どもが、実は同じ動きの繰り返しであることはよく見られます。たとえば、いつも自分であぐら座位になっている子どもが、実は膝裏が伸びなくなっていたりすることなどにはよく遭遇します。一番わかりやすい方法は、ビデオで、子どもの動きを一定時間録画しておき、それを早送りして観察します。そうすると、運動量の多いと思われる子どもでも、実は同じ動きの繰り返しのみの運動で、動かしていない部位には、拘縮が始まっている場合も少なくありません。

⑪ 粗大運動のマイルストーン（指標）の教え方

　粗大運動のマイルストーン（指標：立位や歩行など）の向上をねらって、「自立活動の時間における指導」を行うことも多いと思います。どの動作も同じですが、何度も経験しないことには動作は獲得できません。自転車に乗れるようになったときのことを思い出してください。どんなに補助輪付きの自転車を乗り回しても、自転車に乗れるようにはなりません。最終的には補助輪のない自転車で練習したと思います。つまり、立位台でどんなに立位を行っても立位をできるようにはなりませんし、歩行器のPCW（Posture Control Walker）を使いながら歩行をいくら行っても自力歩行を獲得することはできません。これは、歩行器よりもっと難易度の高いクラッチ歩行を取り入れても同じことです。つまり、獲得したい動作は、何度も繰り返しその動作を行わないことには獲得することはできません。認知の高い子どもであれば、安全であることを理解させ、主体的に立位や歩行の動きを行わせることが重要です。一方、理解言語が難しい子どもの場合には、学校における環境を適切に設定し、子ども自身が主体的に立位や歩行を行うように環境を調整していくことが有効な手段になります。

(1) 立位

　子どもがPCWで歩行しているときに、なるべく方向転換をしないといけない環境を設定することで、子どもに立位を促すことが可能になります。というのは、PCWを活用しながら方向転換を行うためには、立位の状態でPCWを持ち上げ、方向を変える必要があるからです。

　子どもの様子を見ながら、立位の可能性を探ることも可能です。先ほど、自転車に乗れるようになったときのことを述べましたが、この場

写真 1-30　立位

合には、もう一つ大切な支援のポイントがありました。自転車をこいでいる子どもの後ろを支えてあげ、自転車の走行が安定してきたら、子どもに気づかれないように手を離した経験がありませんか。立位や歩行の可能性のある子どもの場合には、この支援の方法を活用します。写真1-30のように、子どもの後ろから教師のお腹側を活用し、子どもの立位を補助します。そして、さりげなく子どもの背中から教師のお腹を外し、両手で肩だけを保持していきます。このとき、立っていることを意識させると、子どもは怖がってしまうのでなるべくさり気なく、いつの間にか立位の状態にしてあげます。

　また、子どもに背中で壁立ちになってもらい、前から声かけして、立位と歩行を促すことも有効です。このとき、立位のみをねらう場合には、足は平行でよいのですが、歩行も一緒にねらうときには、足は平行ではなく、前後にします。そのほうが、最初の一歩が出やすくなります。

（2）歩行

　赤ちゃんは自力歩行を始めるときには何度も立ち上がって転びます。これは子どもの場合も同様で、この経験を繰り返さないと歩行できるようにはなりません。

　歩行も、認知の高い子どもの場合には、安全を保障してあげ、自分で高ばいや写真1-31のように屈んだ姿勢から立位になり、そこから歩行に移行するのが、一番恐怖が少ないようです。

　支持理解が難しい子どもの場合は、子どもの両手を持ち、子どもの前から支援していくと子どもの恐怖心を取り除くことができます。そのとき、体幹筋[21]が弱く、体をなかなか支えきれない子どもの場合には、写真1-32のように、両手をハイポジションにし、力が入りやすい姿勢にしてあ

写真1-32　ハイポジション

写真1-31　屈んだ姿勢

写真1-33　片手引き歩行

げましょう。その後、歩行に慣れてきたら、少しずつ両手を下げていきます（両手引き歩行）。両手引き歩行が安定している子どもは、片手引き歩行に移っていきます。このとき、つないでいる片手は、写真 1-33 のように、高い位置にし、子どもが力を入れやすいようにしてあげます。

　子どもの歩行が安定してきたら、写真の 1-34 ように、少しずつ手を下げて歩行します。しばらくは、片手引き歩行を継続しましょう。

　子どもの歩行が安定し、手を離しても大丈夫という感覚が感じられたら、片手引きをしている手と手の間に、タオルなどを入れていきます。つまり、写真 1-35 のように、手引き歩行から物を介在した歩行へ移行していきます。徐々に、写真 1-36 のように、タオルなどに頼らない歩行ができていると思ったら（タオルにたるみが見られるようになります）、自力歩行を行っていると考えていいと思います。この状態になっても、しばらくは物を介在しながら、子どもの横を歩いてあげましょう。子どもは、安心して自力歩行ができると思います。この頃には、大好きな先生に、前方から声かけしてもらうと、その先生のほうへ自力歩行していく姿が見られるようになります。立位でも述べたように、子どもに背中で壁立ちになってもらい、前方から呼びかけ、歩行を促すことも一つの方法です。

写真 1-34
手を下げた片手引き歩行

写真 1-35　物を介在した歩行

写真 1-36　物に頼らない歩行

（3）IMON の考え方を活用した実践例

　4 人の子どもに、IMON の考え方を活用し、「自立活動の時間における指導」を行いました。以下に、その実践例を示します。

1　対象児の実態と指導方法

　対象児 4 人（表 1）を麻痺がなく、随意運動[22]が可能である対象児 A、B と、麻痺があり随意運動が困難である対象児 C、D に分けて、2 つのグループに対し、「自立活動の時間における指導」を行った。

　対象児 A、B に対しては、全体的な発達を促すように正常運動の動きを支援するアプローチ、つまりまだ確立されていない一段上の抗重力肢位を目標としたアプローチを行った。具体的には、A 児の場合は歩行、B 児の場合には、座位を目標とした。

　一方、対象児 C、D に対しては、「機能的治療アプローチ」の考え方により、学校生活

の困難に基づきながら目標となる動作を抽出し、その目標を集中的に行った。

　各対象児には、それぞれ、週3回の「自立活動の時間における指導」にアプローチを行った。

　表2は、2つのグループに対する考え方やアプローチの違いである。

　麻痺がなく、随意的な動きが可能なグループでは、ボトムアップ的に考え、発達段階に応じた目標動作を設定した。一方、随意的な運動が困難なグループには、トップダウン的な考えで、学校生活（日常生活）での困難に応じた機能的スキルを目標動作にした。この目標動作は、学校生活で同じ動作を必ず一日に数回行うこととした。

　表3には、対象児CとDの「自立活動の時間における指導」での目標、強化子や実践場面を示した。いずれも、学校生活での困難な動作を目標としている。

表1　対象児の内訳

対象児	学年	性別	疾　患	GMFCS レベル	大島の分類[23)]
A	小4	男子	不明	IV	3
B	小6	女子	5P⁻症候群	V	1
C	小6	男子	脳性麻痺（アテトーゼ型）	V	4
D	小6	女子	脳性麻痺（痙直型）	IV	3

表2　2つのグループに対する考え方やアプローチの違い

麻痺の有無	無	有
主な疾患名	精神運動発達遅滞 染色体異常など	脳性麻痺 脳炎後遺症など
目標設定の考え方	トップダウンを加味した ボトムアップ的設定	トップダウン的設定
「自立活動の時間における指導」での目標	発達段階に応じた機能的スキル	学校生活（日常生活）の困難に応じた機能的スキル
「設定した目標」と学校生活との関係	学校生活では必ずしも同じスキルを行う場面がなくても良い	学校生活で同じスキルを必ず、一日数回は行うこと

表3　対象児CとDの「自立活動の時間における指導」での目標、強化子や実践場面

	対象児 C	対象児 D
疾　患	脳性麻痺（アテトーゼ型）	脳性麻痺（痙直型）
GMFCS レベル（粗大運動能力分類システム）	V	IV
大島の分類	4	3
学校の教育活動における困難	脚がクロスになることが多く、痛みを訴えることがある。 オムツ替えも難しくなってきた。	体重が増えてきて、車椅子に本児を乗せることが難しくなってきた。
「個別の指導計画」での目標	脚がクロスになった場合、自分で外すことができる。	床から車椅子に自分で乗ることができる。
強　化　子	脚のクロスを外すことができたときには、本児が喜ぶように称賛する。	車椅子に乗れたときには、授業の最後に、本児の好きなスクーターボードに乗せる。
学校生活で行う場合	脚がクロスになったとき	車椅子で移動するとき
回　数	日によって回数が異なるが、一日3回以上は行う。	給食時間と下校時には必ず行うので、一日2回以上は行う。

2 指導の実際

対象児AとBへの学習内容は、一般的な学習内容なので省略する。

「機能的治療アプローチ」の考え方を取り入れた対象児CとDに対する一時間の学習の流れの略案を表4と表5に示した。

波線で示した内容が目標動作となる。この略案では、1回しか実施されないようになっているが、実際は対象児が数多く実施するように、適切な強化子を設定し、時間をかけて指導している。強化子が適切だったこともあり、数回の実施を行うことができた。

表4　対象児Cの授業の流れ

課程	学 習 活 動
導入	1　はじめのあいさつをする。 2　ストレッチをする。 ・足首、足指 ・膝裏 ・股関節 ・両上肢 ・体幹 3　学習の流れを知る。
展開	4　クロス肢位をゆるめる活動をする。 ・適宜、適切な称賛を受けながら、寝返りを使ってゆるめる。 5　スワッシュを付けてロールに座り、頭部をコントロールする。
終末	6　学習を振り返る。 7　終わりのあいさつをする。

表5　対象児Dの授業の流れ

課程	学 習 活 動
導入	1　はじめのあいさつをする。 2　ストレッチをする。 ・足首、足指 ・膝裏 ・股関節 ・両上肢 ・体幹 3　学習の流れを知る。
展開	4　車椅子のほうへ移動する。 5　車椅子に乗る。 6　車椅子から立ち上がる。 ・廊下の手すりを使って ・職員室前の机を使って ・靴箱の仕切りを使って 7　教師の腰をつかんで、長椅子のところまで支持歩行をする。 8　スクーターボードに乗って、校内を移動する。
終末	9　学習を振り返る。 10　終わりのあいさつをする。

3 結果

・対象児Aは、数メートルの自力歩行が可能となった（写真1）。
・対象児Bは、数十秒の自力座位が可能となった（写真2）。

写真1　自力歩行が可能となった対象児A

写真2　座位が可能となった対象児B

・対象児Cは、機能的なスキルが向上し、クロスになった下肢を自分自身で外せるようになった（写真3）。
・対象児Dは、機能的なスキルが向上し、自分で床から車椅子に移乗できるようになった（写真4）。

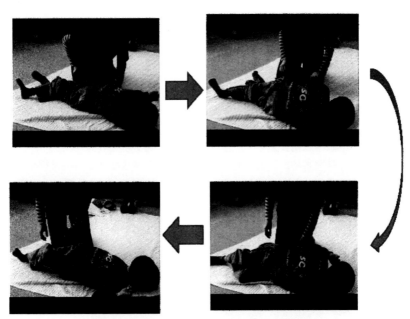

写真3　クロスになった下肢を外す対象児C

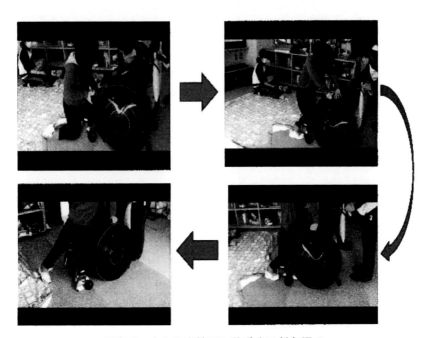

写真4　床から車椅子に移乗する対象児D

対象児Ａ〜Ｄの４人全員で、発達段階に沿った粗大運動や学校生活での困難な動作のスキルに向上が見られた。
　結果をまとめると以下のようになる。
・麻痺の見られない子どもの場合には発達段階に沿った粗大運動、麻痺のある子どもでは機能的スキルの向上を図ることができた。
・対象児ＣとＤは、適切な強化子により、機能的スキルの向上に能動的に取り組むことができた。
・対象児ＣとＤは、学校生活での困難を減らすことができたために、支援の量が減少した。

4　考察

　麻痺がなく、随意運動が可能である対象児Ａ、Ｂの子どもの粗大運動の向上が見られた。理由は、発達段階に沿った粗大運動の動きを支援していくことで、粗大運動全体の発達が促され、そのことにより、粗大運動の向上が見られたと考えられる。
　一方、麻痺があり、随意運動が困難であるグループでは、学校生活での困難をそのまま「自立活動の時間における指導」の目標にしたことで、粗大運動の発達が難しいとされる年齢の脳性麻痺児においても、粗大運動の向上が見られた。その理由としては、以下のことが考えられる。
・目標動作（粗大運動）を学校生活の流れの中で実施することにより、よく多くの回数行うことができた。
・「機能的治療アプローチ」の考え方は、普段の学校生活の流れの中で実施するので、子どもに目標を理解させやすく、見通しも持たせやすかった。
・「機能的治療アプローチ」の考え方は、実際の生活場面で行っているので、目標達成が困難な場合、原因として、個人要因が大きいのか、環境要因が考えられるのかわかりやすく、適切なフィードバックができた。
・子ども自身が、目標動作（粗大運動）を獲得できた場合、スムーズな学校生活が送れるようになるので、高い成就感や達成感を持てた。
　一方、今後の課題としては、以下のことが考えられる。
・「機能的治療アプローチ」の考え方は、運動発達の全体的な底上げにはならず、限られた環境でのみ有効な機能的スキルの向上になるために、環境因子が変わった場合は般化しない場合もある。
・より障害の重い子どもの場合、学習可能な機能的な目標動作（粗大運動）を設定することが難しい。
・子どものモチベーションを高める強化子を常に設定していくことは難しい。
・脳性麻痺の粗大運動の発達特性について、保護者の理解を得られない場合には、「機能的治療アプローチ」の考え方に基づいた「自立活動の時間における指導」の目標設定を保護者と共有することが難しい。

　以上が、IMON の考え方を活用した「自立活動の時間における指導」の実践例になります。

⑫ 「個別の指導計画」

　「個別の指導計画」については、各学校が独自にさまざまな様式のものを作成しています。どの学校の「個別の指導計画」の様式も素晴らしいものですが、あまりにも書く内容が多いような気がします。書くための「個別の指導計画」になっていて、活用するためのものになっていない場合もあるのではないでしょうか。ときどき、「この子どもの目標はなんですか」と聞くと、「なんでしたかね？『個別の指導計画』を見てみます」という答えが返ってくる場合があります。少なくとも、担当の子どもの目標だけは、常に頭に入れながら教育することが不可欠です。子どもの目標を頭に入れているかいないかで、日々の授業や子どもへの接し方が大きく変わってくると思います。今は、「個別の指導計画」にICF（International Classification of Functioning, Disability and Health：国際生活機能分類）の考え方を取り入れて作成している学校が多いようです。ICFの考え方を取り入れることで、現在行っている学習内容が何のために行われているのかが明確になりました。以前は、学習内容と指導の手立て、評価だけが引き継がれていて、目標設定の理由が明確でなかったことも多々ありました。学習内容や指導の手立てを引き継ぐこともちろん大切ですが、子どもの目標が設定された背景を明確に伝え、それを引き継ぐことはとても重要なことです。

　また、子どもの発達段階のみを重視し、ボトムアップ的な考え方で目標を設定している「個別の指導計画」を見かけることがありますが、疾患や年齢などにより、トップダウン的な観点を加味して作成していく必要があります。疾患が進行性筋ジストロフィーの場合には、将来起こってくるであろう体の不自由さを想定して「個別の指導計画」は作成されます。しかし、このような考え方は、進行性の疾患だけに留まってよいのでしょうか。脳性麻痺の疾患の場合にも、先ほども述べたように、Rosenbaum（2002）における脳性麻痺の粗大運動の発達予測の内容を覆すほどの指導法は今のところ発表されていません。このようなことを考慮すると、発達段階のみを重視したボトムアップ的な考え方に、現在および将来像から予測される生活上の困難を加味した目標設定を行う必要があります。つまり、発達段階を重視したボトムアップ的な発想に、将来像に注目したトップダウン的な考えを加味して、目標設定は行われるべきだと思います。もちろん、将来像を加味する度合いは、疾患や年齢、認知レベルなどにより変化することは言うまでもありません。

　生活上の困難については、子どもおよび一緒に生活する人（保護者、教師、施設関係者等）を含めたものとして捉えていく必要があります。今現在の特別支援学校の子どもの状態像から考慮すると、将来一人で生活できる子どもはほんの一

握りだと思われます。つまり、子どもおよび一緒に生活する人を含めた将来像から見えてくる生活上の困難を考えていくことが必要です。

　この生活上の困難を解決するために、生活していく上での必要段階（必要性の度合い）を考慮に入れて目標設定は行われるべきでしょう。

　最後に、さらなる周産期医療[24]の進歩等から、今後ますます、特別支援学校の子どもの障害は重度重複化、多様化することは明白です。このことを考慮すると子どもの自立はどのように捉えるべきでしょうか。一般的には、自立とは「児童生徒がそれぞれの障害の状態や発達段階等に応じて、主体的に自己の力を可能な限り発揮し、よりよく生きていこうとすること」（特別支援学校学習指導要領解説自立活動編）となっています。まさにそのとおりだと思います。しかし、この説明はあまりにも抽象的で漠然としています。「具体的にはどんなことになりますか」と尋ねられると、なかなか答えられないのではないでしょうか。重度重複障害児の場合、一般的に考えられる自立はかなり難しいでしょう。これらの子どもの自立は、子どもおよび一緒に生活する人を含めた自立と捉えることが必要な時代に入り始めていると思います。

カンタン 用語解説

1)	不随意運動（ふずいいうんどう）	自分の意識に関係なく動く異常運動のこと。⇔随意運動
2)	側弯（そくわん）	背骨が側方に弓形に曲がること。ねじれも伴っている場合がほとんどである。
3)	脳性麻痺（のうせいまひ）	脳の疾患による運動機能障害。生後4週以内で生じた非進行性の疾患で、治ることはない。
4)	脳炎後遺症（のうえんこういしょう）	脳の炎症の疾患が治った後の後遺症。後遺症としてはてんかんや麻痺、知的障害などが出ることがある。
5)	脳症（のうしょう）	発熱、頭痛や意識障害など、脳炎と同じような症状が出るのに、炎症が見られない場合をいう。原因がわからない場合も少なくない。
6)	環境制御装置（かんきょうせいぎょそうち）	自立した生活を送るために、テレビやエアコン、照明などの身の回りにある電気製品をスイッチなどで簡単に操作できる装置のこと。
7)	髄膜炎後遺症（ずいまくえんこういしょう）	髄膜（脳や脊髄を保護する3層の膜）の炎症の後遺症。後遺症として、てんかんや麻痺、難聴などが出ることがある。
8)	痙性（けいせい）	麻痺の一種で、筋肉がつっぱったり、硬くなることで、意図的にコントロールしにくくなること。
9)	呼吸筋（こきゅうきん）	呼吸に働く筋肉のことで、肋間筋や横隔膜などがある。
10)	肋間筋（ろっかんきん）	肋骨の間の筋肉で、胸郭の動きに関係している。
11)	横隔膜（おうかくまく）	肺や心臓の下にある筋肉で、肺を膨らましたり、縮めたりする。
12)	腹斜筋（ふくしゃきん）	腹部の側部にある筋肉で、体幹の側屈や回旋運動に関係する。
13)	腰方形筋（ようほうけいきん）	腹部の側部にある筋肉で、肋骨と骨盤をつないでいて、体幹を側屈させる働きがある。
14)	呼吸補助筋（こきゅうほじょきん）	呼吸に補助的に働く筋肉で、腹筋もその一つである。
15)	大胸筋（だいきょうきん）	胸の筋肉で、主に肩関節の動きに働く。
16)	僧帽筋（そうぼうきん）	頸の後ろや背中の上部の筋肉で、肩甲骨や鎖骨の動きに関係する。

17)	広背筋（こうはいきん）	背中の大きな筋肉で、懸垂など体を引き付ける働きをする。
18)	上腕三頭筋（じょうわんさんとうきん）	腕の筋肉で、腕を伸ばす働きをする。
19)	単関節筋（たんかんせつきん）	1つの関節をまたいで骨をつないでいる筋肉のこと。
20)	多関節筋（たかんせつきん）	2つ以上の関節をまたいで骨をつないでいる筋のこと。
21)	体幹筋（たいかんきん）	体幹（頭部と手足を除いた部位）に関係する筋肉の総称のこと。
22)	随意運動（ずいいうんどう）	自分の意識した運動のこと。⇔不随意運動
23)	大島の分類（おおしまのぶんるい）	身体能力と知的能力を組み合わせた重度重複障害児の評価方法で、1が最も重度になる。
24)	周産期医療（しゅうさんきいりょう）	周産期（妊娠満22週から生後満7日未満まで）を含むその前後の期間の母体・胎児・新生児に生じがちな突発的事態に対応するための、産科と小児科とを統合した医療のこと。

引用参考文献

文部科学省（2009）特別支援学校学習指導要領解説自立活動編

Marjolijn Ketelaar　今川忠男監訳（2004）脳性まひ児と両親のための機能的治療アプローチ　三輪書店

日本リハビリテーション医学会監修（2009）脳性麻痺リハビリテーションガイドライン　医学書院

近藤和泉・福田道隆監訳（2000）GMFM粗大運動能力尺度　医学書院

近藤和泉（2000）脳性麻痺のリハビリテーションに対する近年の考え方と評価的尺度，リハビリテーション医学 vol.37　医学書院

朝貝芳美（2004）脳性麻痺児に対する運動療法の効果，臨床リハ vol.13　医歯薬出版

全国特別支援学校肢体不自由教育校長会編著（2011）障害の重い子どもの指導Q＆A　ジアース教育新社

Rosenbaum PL, Walter SD, Hanna SE, et al.（2002）:Prognosis for gross motor function in cerebral palsy: creation of motor development curves.　JAMA 288 :1357-63

広島県立福山特別支援学校教育研究部編（2016）自立活動ガイドブック第5版〜実践編〜

http://www.fukuyama-sh.hiroshima-c.ed.jp/kyouken/H27Guidebook/jissen/Guidebook_No5_jAll.pdf

第2章

摂食指導

摂食指導は、重度重複障害児の教育で最も重点を置いている内容の一つになります。人は食べないことには生きていけません。摂食は、健康を維持向上するための基本であることは間違いありません。しかし、この栄養を口から摂取するという行為には大きな危険が伴います。正月の新聞にはよく高齢者が餅を喉に詰ま

らせて、救急車で運ばれたという記事が載っていますが、それと同じようなことが実際に特別支援学校でも起こる可能性があります。しかし、食べさせるのが危険だからといって、食べさせないというわけにはいきません。また、保護者に給食の様子を報告をするときに、「今日は完食しませんでした」という報告はなんとなくしづらいものです。そのため、ついつい無理やりに食べさせてしまうこともあるかもしれません。無理やり食べさせる場合には、子どもは食べたくないのに、食べさせられる状況なので、誤嚥（食べ物が誤って肺に入ること）の危険性が高くなることが想定できます。さらに、重度重複障害児の場合には、ほとんどの子どもが医療的ケアを含め、摂食に何らかの問題を有しています。近年のこのような流れの中、摂食指導に関しては、特別支援学校学習指導要領解説自立活動編（平成30年3月）にも、食事の支援に関して「食事及び水分摂取の時間や回数・量、食物の調理形態、摂取時の姿勢や援助の方法、口腔機能の状態」などを把握して支援にあたることが必要であると記載されています。今後ますます、周産期医療の発達などにより、子どもの障害が重度重複化、多様化することで、医療的ケアでの栄養摂取を含め、摂食指導が重要視されてくることは間違いありません。

① 食物の経路と誤嚥

摂食指導で大切なことは、口腔内から胃までの経路をしっかりと把握しておくことです。たまに、なぜ子どもがむせるのか理解せずに、本に書いてある手技や方法だけで、摂食指導を行っている先生を見かけます。これでは、一般的な摂食指導はできても、それぞれの子どもの実態に応じた摂食指導はうまくいかないのではないでしょうか。本に記載してあることはあくまでも基本であり、すべての子どもに適するということではありません。子どもの実態に応じて適切に摂食指導は変えていく必要があります。たとえば、口唇閉鎖を促して食べさせる。これは摂食の基本です。でも、図2-1のようにアデノイドが子どもにあったらどうで

第2章　摂食指導

しょう。鼻呼吸ができないので、口唇閉鎖は難しくなります。まず、自分が担当している子どもの実態を的確に把握し、その子どもに合わせて摂食指導を行うことが必要です。そのためには、口腔内から胃までの経路や仕組みをきちんと理解しておくことが大切になります。各学校で摂食の体験研修が行われていると思いますが、それとともに、身体の構造や役割を考えてみましょう。図2-2をまず頭

図2-1　アデノイド

の中に入れ、どのようにして食べ物が胃へ運ばれるのかを理解してください。
　以下に、食べ物の経路と誤嚥の関係を説明します。

```
食べ物が口の中に入ってくる
　→ 食べ物の形態により、舌を使って奥歯に置いたり舌と口蓋でつぶしたりする
　→ 食べ物が奥歯に置かれた場合には、食べ物を噛み砕く
　→ つぶした食べ物や噛み砕いた食べ物を舌で食塊にする
　→ 食塊を口の奥に送り込み、嚥下する
```

　このとき、軟口蓋が鼻腔を塞ぎ、気管のふたである喉頭蓋が閉じます（図2-3）。これによって口のなかのものが気管や鼻に入り込むことなく、食道から胃へと送り込まれます。図2-2からわかるように、気道と食物の流れる経路はクロスしています。そのために誤嚥が起こるのです。もし、食物の経路と気道の経路が全く別であれば誤嚥はありません。たとえば、喉頭気管分離術を行うと誤嚥は起こらないはずです。この場合、図2-4のようになり、食べ物が誤って気管に入る可能性がなくなるからです。

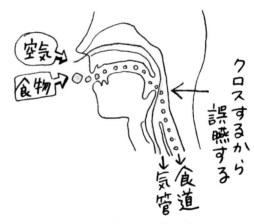

図2-2　空気と食べ物の流れ

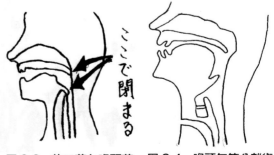

図2-3　軟口蓋と喉頭蓋の働き　　図2-4　喉頭気管分離術

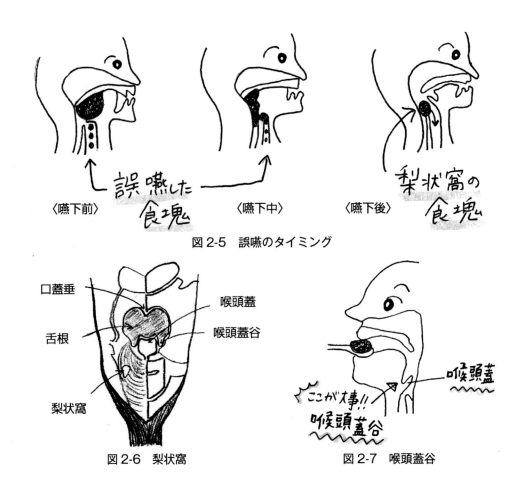

図2-5 誤嚥のタイミング

図2-6 梨状窩

図2-7 喉頭蓋谷

　先ほど述べたように、嚥下するときには喉頭蓋が閉まります。ということは、気道が塞がるので呼吸は止まることになります。つまり、息をしながら飲み込むことはできないのです。このようなことは、口腔内から肺や胃までの経路をしっかり把握しておくと、自然と理解できると思います。

　誤嚥は、基本的には次の3パターン（図2-5）で起こります。一つ目は嚥下前に起こる誤嚥です。これはまだ飲み込んでいないのに、口の中の食物が、気管に入り誤嚥になる場合です。次は飲み込むときに誤嚥するパターンです。これは私たちが食べているときにむせるのがこの誤嚥です。最後は食べ終わってから誤嚥する場合です。食べ終わってから誤嚥するということとはどういうことでしょうか。食後の誤嚥は、咽頭や口腔内に食物残渣（口や喉に残った食物のかすのこと）があるために起こります。その残っているものが、いつの間にか気管に侵入し誤嚥します。そのため、食べていないときにむせが見られることがあります。これは、嚥下力が弱くなると、食べ物が梨状窩（図2-6）や喉頭蓋谷（図2-7）に残り、誤嚥が起こるからです。嚥下力が弱い子どもは、1回の嚥下で飲み込むことができない場合があり、喉を見てゴックンしたなと思っても、その後むせが見られたりするのです。

② 摂食嚥下の各段階

摂食嚥下とは簡単にいうと食べ物を咀嚼（よく噛むこと）して飲み込むことです。以下に、その各段階について説明します。

健常児の摂食段階は、図2-8のように5つの段階に分けるのが普通です。これを摂食の5期といい、特に後半の口腔期、咽頭期、食道期の嚥下（口の中の食物を胃の中に飲み下すこと）に関わる段階を嚥下3相といいます。

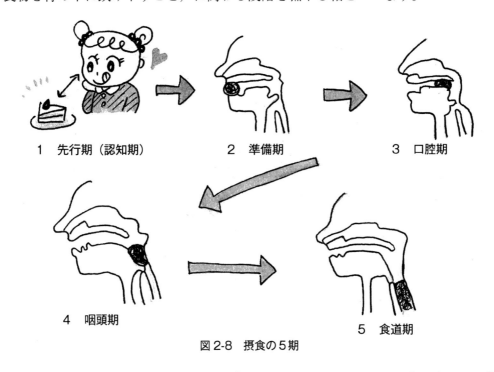

1　先行期（認知期）　　2　準備期　　3　口腔期
4　咽頭期　　5　食道期

図2-8　摂食の5期

この中の口腔期までは、随意運動で自分の意思で止めることが可能です。この後の咽頭期からは反射による動きなので、自分で止めようと思っても止まりません。たとえば、飲んだものを食道の途中で止めておくことは不可能です。咽頭期に、嚥下反射という反射が起こり、食べ物を取り入れています。嚥下反射を起こそうと思ったら、水を含み、上を向いた状態で口を開けてください。つい飲み込んでしまいます。これが嚥下反射です。これは、口蓋や咽頭の後ろに触刺激を与えると起こる反射で、このような刺激が強すぎた場合には咽頭反射になります。風邪をひいたときに、病院へ行くと舌圧子（舌を押さえるために使うへら状のもの）で刺激され、「オェー」となりますが、これが咽頭反射です。同じような反射に嘔吐反射がありますが、厳

密にいうと、嘔吐反射は、吐き気やむかつきなどにより唾液が出たり、汗が出るなどの自律神経症状が見られる場合も含み、必ずしも咽頭への刺激のみの反射だけではありません。

それでは、摂食の5期について、先行期（認知期）から順に説明していきます。

（1）先行期（認知期）

先行期（認知期）は、食べ物を見たり、においをかいだりする段階なので、あまり摂食指導には関係がないように感じますが、決してそんなことはありません。この先行期で、食べ物の形態や硬さを認識し、その大きさに合わせて開ける口の大きさや形を調節していきます。また、においは直接脳を刺激します。今からどんな食べ物が口の中に入るのかを子どもが確認できるように、必ず食べ物を見せたり、においをかがせたりすることがとても大切になります。特に、視覚障害を有する子どもには、声かけやにおいをかがせるなどして、いきなり口の中に食べ物を挿入しないようにします。つまり、何らかの手段で子どもに食物が口の中に入ることを伝え、口の中の準備をしてもらうことが大切です。

（2）準備期

次に準備期です。これは捕食から咀嚼または舌で押しつぶしたりする段階になります。この段階が重度重複障害児の場合、摂食指導の中心になることが多いようです。

（3）口腔期

口腔期は、嚥下し始める段階ですが、この段階はまだ随意的な段階で、意図的に飲み込んだり、飲み込むことを止めたりすることが可能です。この口腔期から食道期までを嚥下3相と呼んでいます。

（4）咽頭期

咽頭期の段階で嚥下反射が起こり、食べ物を嚥下することになります。食べ物が気管の近くを通るので、誤嚥が起こる可能性があります。

（5）食道期

最後の食道期は、食物が咽頭から胃に流れていく段階で、不随意の動きになり

ます。食道は蠕動運動で食べ物を胃に運んでいて、重力で胃へ食べ物を落下させているわけではありません。逆立ちしながら食べるとそのことがよくわかります。

③ 摂食機能の発達

　人は生まれて半年ぐらいは、反射に依存した栄養摂取を行っています。この反射に依存した飲み方を吸啜反射（図2-9）と呼び、乳首など口に入ってきたものを強く吸う動きとして見られます。この反射は原始反射（刺激に対して意識しないで反応する反射の中で新生児期にしか見られないもの）になります。この原始反射は新生児が生きていく上で必要な動きの一つです。口腔内の原始反射には、このほかに、探索反射（図2-10：赤ちゃんの口の周りに軽く触れると、顔を向けて口を開け探そうとする動き）、咬反射（図2-11：緊張性咬反射ともいいます。歯にかたいものが触れると、噛みこむ反射です。この反射は、乳児の頃に、口の中に異物が入るのを止める動きだといわれ、将来、咀嚼につながる動き）があります。口腔内の形態的発達と中枢神経系の発達に伴って、摂食機能の発達も反射的な動きから随意的な動きへと変化していきます。

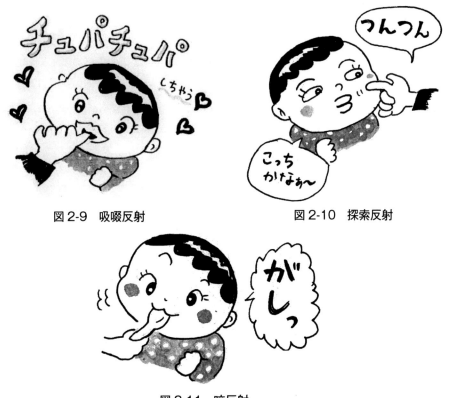

図2-9　吸啜反射　　　　　図2-10　探索反射

図2-11　咬反射

表 2-1　摂食機能の発達

摂食機能	出現時期	舌の動き	下顎の動き
サックリング （反射的吸啜）	～６ヶ月	前後	上下 （コントロール不良）
サッキング （随意的吸啜）	６ヶ月～	上下	上下
マンチング	５～７ヶ月	前後、上下	上下

　表2-1は主な摂食機能の発達について表したものです。サックリングとは反射的な舌の動きで、舌を前後に動かしながら吸う動きです。６ヶ月頃になると、舌の動きは上下の動きに変わってきて、意図的な動きになります。これをサッキングといいます。一方、下顎（かがく）の動きも変わってきます。下顎の動きには、マンチングという動きと咀嚼の動きがあり、７ヶ月頃までは、下顎は上下、舌は前後や上下の動きしか見られません。この動きをマンチングといい、下顎が上下に動くので、カミカミしているように見え、咀嚼と勘違いされやすい動きです。この状態のときに、咀嚼しなければならない食べ物を口腔内に入れると、舌で押し返すか、舌と口蓋でつぶしながら丸飲みしてしまいます。これは、舌の側方への動きが未熟なため、奥歯に食べ物を乗せることができないことが原因です。徐々に奥歯に食べ物を乗せることが可能になると咀嚼が完成されていきます。

　マンチングと咀嚼の違いは口元を観察しているとよくわかります。口元が対称的に動いている場合はまだマンチングの状態で、咀嚼に動きが発達すると口元は非対称的に動きます。これは、他人の咀嚼している口元の動きを観察するとよくわかると思います。また、小さくしたえびせんを口に入れると、咀嚼を行っている場合には奥歯に乗せますが、マンチングの子どもの場合には舌と口蓋ではさんでつぶすか、または丸飲みする、口の外に出してくるなどの動きになります。咀嚼をしている場合、子どもによっては口角（口の両わきの上下の唇が接したところ）にえくぼのようなくぼみが見られます。マンチングの状態では、咀嚼が必要な食べ物は食べられないため、マンチングを咀嚼と間違うと非常に危険です。つまり、カミカミのできない子どもに、咀嚼の必要な固形物を与えていることになります。この時期には、舌でつぶせるかたさの離乳中期食が適切ですが、保護者が勘違いしていることも多く、それをそのまま担任が引き継いでしまう場合も少なくありません。

　表2-2は子どもの摂食機能の状態と摂食する食べ物の形態を表したものです。子どもの摂食機能に調理形態を適切に合わせていくことが、安全安心な摂食指導につながります。一方、ねらう摂食機能としては、今現在の発達段階の次の発達機能を設定することが一般的ですが、健常児と違い、障害児では必ずしも発達段階に応じた順序性が認められないことも少なくありません。しばしば、発達の順序が逆転する場合も見られます。そのため、発達段階だけにとらわれずに、目標

第2章　摂食指導

表2-2　摂食機能の状態と食べ物の形態

月　齢	5〜6ヶ月	6〜8ヶ月	9〜11ヶ月	12〜15ヶ月
発達段階	離乳初期	離乳中期	離乳後期	離乳完了期
摂食機能	サックリング	サッキング マンチング	咀　嚼	咀　嚼
食形態	ドロドロ状	舌でつぶせる かたさ	歯ぐきで つぶせるかたさ	歯ぐきで 噛めるかたさ

設定を行うことも必要です。たとえば、一般的にストローを教えるのは、スプーンやコップが使えるようになってからといわれています。しかし、ストローのほうが日常生活での必要性や汎用性が高く、早く教えて身に付くことで本人はもちろん、保護者や先生の負担が軽くなる可能性があります。外出先でストローが使えると、紙パックに入ったジュースなどを飲むことも可能です。つまり、粗大運動でも同様のことがいえますが、発達段階の順序は、日常生活での必要性や汎用性の順序とはイコールではないということです。発達段階とともに、この点を考慮しながら目標を設定していく必要があります。

　この表2-2には、食形態としてきざみ食がありません。なぜでしょうか。きざみ食は本来噛む機能を補完する食形態です。つまり、きざみ食を使う状態は、食べ物を噛み砕くことはできないけれど、バラバラになった食べ物なら食塊としてまとめ、飲み込むことが可能ということになります。一方、食塊形成の時期は7〜8ヶ月に発達するといわれているので、子どもにきざみ食を提供する時期としては、咀嚼はできないけれど、食塊形成が可能な離乳中期のある一定期間のみになります。それ以前の時期に、きざみ食を与えることは、ばらけた状態の食べ物をそのまま嚥下しないといけないので、誤嚥を引き起こす危険性があります。また、きざみ食を長く続けてしまうと、咀嚼をせずに、丸飲みの習慣が出てくるといわれています。

　ペースト食から押しつぶし食への移行期である表2-3のような実態の子ども（生徒A）の目標を、汎用性の高い「ストローで水分が取り込める」に設定し実践したところ、はじめにストローでの液体摂取を確立し（図2-12）、その後レンゲで取り込み、最終的にはコップで飲めるようになりました。この場合、健常児の発達段階にとらわれずに、必要性や汎用性重視で実践し成功した例になります。

表2-3　健常児の発達と生徒Aの実態

発達月齢	健常児の場合	生　徒　A　の　実　態		
5ヶ月頃	捕　食	捕食時の口唇閉鎖	→	×
7ヶ月頃	押しつぶし食	完全ではないが、舌の上下運動で、 ペースト食から押しつぶし食への移行期である	→	△
9ヶ月頃	咀　嚼	舌の側方運動	→	×
10ヶ月頃	コップ飲み	コップ飲み	→	×
12ヶ月頃	ストロー飲み	ストロー飲み	→	×

61

このような考え方のメリットは、「ストローで水分が取り込める」という目標は、保護者の協力を得やすい目標であるという点です。たとえば、発達段階を考慮に入れた目標を設定し、保護者の方に「学校ではレンゲを活用し、上唇が下りて水分を吸うまで待ち、水分摂取を行っています。ぜひ、ご家庭でも同じように介助してください」と言ってもよいかもしれません。しかし、家庭に本生徒以外に小さな子どもがいる場合など、果たして可能な連携といえるでしょうか。一方「水分摂取

のときには、ストローをなるべく活用してください」という内容であれば、連携を図ることが可能だと思います。摂食指導に限らず、なるべく保護者が支援しやすい目標を設定していくことが重要です。このような目標を設定することで、保護者との連携が図りやすくなり、同じ目標に対して、同じ指導を行うことが可能となります。しかも、保護者に、子どもが伸びたことを実感させやすくなることが想定できます。このような目標設定の考え方は、保護者と教師の二人三脚で指導が可能になるので、子どもの発達を大きく伸ばす可能性を秘めています。

　しかし、もちろんリスクもあります。発達段階を飛び越しているため、その目標設定が適切なのかということです。このストローの活用の場合、ストローを奥に入れすぎると、吸啜反射を強めてしまう恐れも懸念されました。このようなことから、目標設定として発達段階に必要性や汎用性を加味していく場合には、外部の専門家に意見を聞くことが必要です。

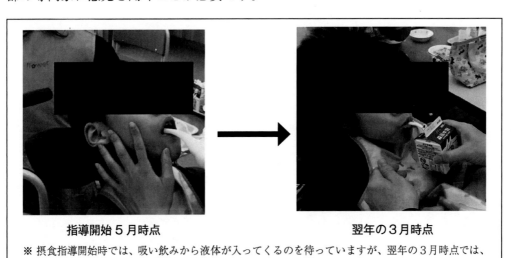

指導開始5月時点　　　　　　　　翌年の3月時点

※ 摂食指導開始時では、吸い飲みから液体が入ってくるのを待っていますが、翌年の3月時点では、能動的にストローで牛乳を吸うようになりました。

図2-12　ストローでの水分摂取能力の獲得

④ 摂食指導の実際

摂食指導は、大きく分けると、間接訓練と直接訓練に分かれます。間接訓練とは食物を使わないで行う訓練で、一方、食物を食べさせながら行う指導は直接訓練になります。一般的には、間接訓練は直接訓練と違い、食べ物を用いないで行うので、誤嚥の心配がなく安全に行えるという利点があります。そのため、経鼻経管栄養[1]や胃ろう[2]の子どもでも可能です。しかし、間接訓練でも行っていると唾液がでてきて、その唾液でむせることもありますから、その点は注意が必要です。

（1）間接訓練

間接訓練の時間として、必ずこの時間に行わないといけないということはありません。一般的には、食事の前に行うと、直接訓練に及ぼす効果は大きいといわれています。

① 脱感作

子どもが触られることを非常に嫌がり、口腔周辺を触れない場合があります。原因としては触覚過敏が考えられます。この原因の過敏を取るために行う方法が脱感作です。過敏は身体の中央に近いほど残りやすいと考えられていて、口腔周辺や口腔内の過敏が強い場合が多く見られます。この過敏が残っていると食事介助が難しくなるので、脱感作を行い過敏を取っていくことが必要です。図2-13のように、①手 → ②腕 → ③肩周り → ④首 → ⑤顔 → ⑥口腔周囲の順で触覚過敏が強くなるのが一般的です。やり方としては、過敏のある場所がわかったら、いきなりその部位を触るのではなく、その外側の過敏の弱い部位から始め、過敏の強い部位に近づいていきます。

写真2-1のように、手のひらで過敏の部位を包み込みながら、子どもの肌にしっかりと押し当てます。このとき、過敏があると子どもは逃げようとしますが、手をずらしてはいけません。しばらくして拒否がなくなるまで

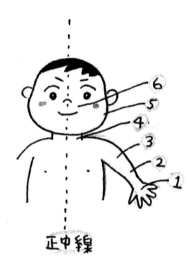

図2-13 脱感作

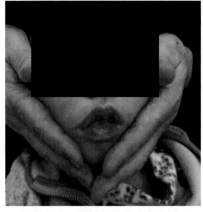

写真2-1 過敏の部分を包み込む

圧迫することがポイントです。また、ふわっと触ってしまうと、逆に触刺激が強くなり、子どもの拒否も激しくなります。ある程度の圧をしっかりとかけることが重要です。

　この脱感作は何も摂食指導に限ったことではなく、特別支援教育の基本になります。特別支援教育の場合は、子どもに触れないことには指導がうまくいかない場面が少なくありません。そのため、触覚過敏がある部位は常に把握しておくことが大切です。過敏の程度にもよりますが、脱感作の効果が見られるのは、長い場合には1年以上かかることもあるので、根気強く行うことが大切になってきます。

② **鼻呼吸**

　摂食がうまくいかない原因として、鼻呼吸ができていないことがあります。当たり前ですが、摂食時には口に食べ物を入れているので、口で息をすることは難しくなります。そのため、普通食べているときには鼻で息をしています。しかし、アレルギー性鼻炎や副鼻腔炎[3]、アデノイ

図2-14　鼻呼吸の確認

ドがあったりすると、どうしても口呼吸になってしまいます。このような鼻の病気に関しては、保護者はあまり深刻に考えていない場合が少なくありません。しかし、摂食指導ではとても重要なことなので、鼻炎などの症状が疑われるときには、摂食指導の面からもぜひ治療してもらうように保護者に相談してみましょう。もちろん口呼吸は鼻呼吸と比較して、雑菌や乾いた空気が直接、喉や気管に入るため呼吸器官を痛めやすくなります。このようなリスクを相談内容に付け加えることで保護者との相談もうまくいく場合も少なくありません。

　鼻が通っているかどうかは、図2-14のように口を閉じて、鼻の前にティッシュペーパーを当てて調べる方法が一番簡単です。この方法で鼻が通っていることが確認できたら、鼻呼吸の訓練を始めましょう。訓練としては下顎を介助し口唇を閉じていきます。この口唇を閉じた状態を少しずつ長くできるように促します。しかし、顔に過敏が残っていると、鼻呼吸の練習より過敏が嫌で、拒否が見られる場合もあります。そのため、最初に顔に過敏が残っているかどうかをきちんと調べておくことが大切です。

　また、指示の通る子どもの場合、口ではさむだけの「ポカンＸ」という商品が、インターネットで販売されていますので、それを活用してもよいでしょう。ポカンＸは、上下の口唇が接触している感覚を養う装置です。

③ **筋刺激訓練法**

　脱感作と鼻呼吸が確立してきたら、筋刺激訓練法に入ります。有名な方法にバ

ンゲード法があります。バンゲード法は、他者にしてもらう受動的刺激法と子ども自身が行う能動的刺激法に分かれますが、指示の通らない子どもの場合には、受動的刺激法が中心になります。この訓練は、筋肉を縮めたり、伸ばしたりすることで、口唇、頬、舌に刺激を与えていく方法です。ときどき筋肉ではなく皮膚だけをつまんだりしている場面を見かけるので、気をつけてください。難しくないので一回覚えておくと便利です。行う部位としては、舌の動きが悪い子どもには舌の訓練というように、必要のある部位だけでかまいません。もちろん、口の中に指を入れるので、手袋をすることを忘れないようにしてください。

ア）バンゲード法（口唇の訓練）

口唇の訓練なので、捕食がうまくできなかったり、口唇を閉じることができない子どもに行います。

写真 2-2 ～ 2-6 を参考に行ってみてください。

① 口唇をつまみます（写真 2-2）
② 口唇と前歯の間に指を入れ、外側に膨らませます（写真 2-3）
③ 指で唇を縮めます（上唇は上に押し上げ、下唇は下に押し下げます）（写真 2-4）
④ 指で唇を伸ばします（上唇は下に下げ、下唇は上に上げます）（写真 2-5）
⑤ オトガイ部（下顎骨の先端部）を 20 回ぐらい軽くたたきます（写真 2-6）

写真 2-2　口唇をつまむ

写真 2-3　口唇を膨らませる

写真 2-4　唇を縮める

写真 2-5　唇を伸ばす

写真 2-6　オトガイ部をたたく

イ）ガムラビング（歯肉マッサージ）

口腔内の感覚機能を高めるために行います。

私の経験では、ガムラビングを継続して行うことで咬反射が減少した子どもが

かなり見られました。写真 2-7 のように、歯肉を上下左右に分け、前歯のほうから奥歯のほうへすばやくこすります。

このとき、前から奥にはこすりますが、逆方向へはこすりません。

各部位、10 回ぐらいを目安にします。

ウ）舌訓練

舌の動きが悪い子どもに行います。

写真 2-8 のように、下顎の骨のすぐ後ろを指でまっすぐ上に 10 回程度押し上げていきます。この場合、子どもの顔は、上を向いていると効果がないので、少し下向きぐらいがいいかもしれません。

直接、舌に刺激を加えるには、歯磨きの毛のない方やスプーン、使い捨ての舌圧子（インターネットで購入できます）などを舌のやや横に当て、反対側に押します。子

写真 2-7　ガムラビング

写真 2-8　舌訓練

どもの実態に応じ、舌圧子に甘いクリームなどをつけたりします。熊本ではベロタッチ[4]という方法も行われています。

また、認知が高い子どもには、薄いウエハースのせんべいで「ミルクせんべい」という商品を活用すると、効果が期待できる場合があります。同じような商品をいくつかの会社が作っていますが、舌の動きや発音の学習には、寿宝製菓の商品が薄くて便利です。このせんべいは、口唇につけたり、舌で穴を開けさせたりして、舌のいろいろな動きを引き出す教材になります。味はほとんどしないのですが、子どもには意外と好評です。

エ）頬訓練

頬がかたい子どもや逆に緊張の弱い子どもに行います。写真 2-9 のように、子どもの口の中に指を入れ、ゆっくりと外側に向かってふくらませます。咀嚼ができない子どもは、舌の動きが悪く、奥歯や口腔内の側方に食物を送れないため、かたくなっている場合が見られます。

写真 2-9　頬訓練

（2）直接訓練

直接訓練とは、食物を実際に食べることで摂食機能の向上を図っていく方法で

す。この訓練は、学校の場合には給食時間に常に行っています。もちろん、「自立活動の時間における指導」で行ってもかまいませんが、子どもの食欲を考慮する必要があるでしょう。少なくとも、子どもの好きな食べ物が効果があることは間違いありません。誤嚥のある子どもは、この直接訓練は難しいため、どうしても間接訓練になってしまいます。しかし、誤嚥検査を行っている子どもの場合には、どの食形態なら誤嚥が少ないのか、また、食べ始めて何分、または何口までは大丈夫なのかなどがわかっていることがあります。その場合には、家庭や医療機関としっかり連携を図りながら、子どもの好きな食べ物をお楽しみ程度に食べさせてあげても大丈夫だと思います。やはり、食べなければそれだけ摂食嚥下機能は落ちていきます。また、気管切開[5]で喉頭気管分離術[6]を行っている子どもの場合には、医師の許可を得て食べさせることも必要です。食べることで、子どもは食べ物を味わう楽しみや味覚、嗅覚などの刺激を受けることが可能になります。これらの刺激は子どもの脳の発達に影響を与えるはずです。

◆ 姿勢

食べるときの姿勢は摂食嚥下に大きく影響します。学校では、抱っこで食べさせることはほとんどなく、多くの場合は写真2-10のような座位保持椅子を活用していると思います。もちろん、抱っこできる子どもの場合には、抱っこしながら食べさせることで、子どもの微細な身体の変化に対応することが可能になります。しかし、一般的には、子どもの今後の身体の成長を考えると、座位保持椅子で食べさせるのが妥当だと思います。ただし座位保持椅子の場合には、抱っこと違い、日々の子どもの体調による筋緊張の変化などには、対応することができません。そのため、食べる前にその日の子どもの体調を十分に把握し、背もたれやヘッドレストの角度の調節を適切に行うことが必要です。また、食事中に筋緊張などが変化していくこともあるので、その時点で再調整していきましょう。座位保持椅子は、作製時に病院できちんと子どもの状態に合わせているはずですが、成長で少しずつずれたり、夏と冬の服装の違いでも調節位置が変わってくる場合があります。ときどき、小さくなった座位保持椅子に無理矢理、子どもを座らせている場面を見かけます。このようなことのないよう、子どもの成長に合わせてきちんと調整していくことを忘れないようにしてください。また、会社により座位保持椅子にはさまざまな種類のものがあるので、担当者やセラピストと連携を

写真 2-10　座位保持椅子

図り、座位保持椅子の機能や特徴を理解しておきましょう。有効な機能がついていても、使われていない場合も少なくありません。また、担当者やセラピストとの連携は、摂食時の姿勢だけではなく、日々の姿勢にもとても重要なので、必ず行っておくことが大切です。

写真 2-11　摂食時の姿勢

　摂食の姿勢は、写真 2-11 のように、基本的には体幹は後傾で、頸部は前屈するのがよいとされています。しかし、これはあくまでも基本の姿勢であり、この姿勢でうまくいかない子どもも見られます。たとえば、今まで頸部を後屈させて食べさせていた子どもの場合には、頸部を急に前屈し摂食すると、飲み込む動きが出にくくなる場合があります。この場合には、急に頸部の前屈は行わず、子どもの状態に合わせて、少しずつ頸部を前屈していきましょう。また、体幹はある程度後傾にしておくことが一般的ですが、倒しすぎると、重力の影響で食物が一気に喉に入ってくるため、子どもによっては、体幹を起こすほうが嚥下しやすい場合があります。また、重力を活用して食べるということは、口腔内の食べ物が重力で喉に送られることになり、摂食機能を発達させることにはなりません。一方、起こしすぎた場合には、口の中の食べ物を喉まで運ぶのに重力が使えず、姿勢も崩れやすくなります。つまり、食べ物をなかなか喉に運べない子どもの場合には、図 2-15 のような食道と気管の位置関係から、体幹を倒した姿勢が適しています。こう考えると、すべての子どもに適した姿勢は存在しないことがわかります。つまり、障害の程度や子どもの特性、食べ物の形態などにより、体幹を後傾にしたり、ある程度起こしたりする必要が出てきます。

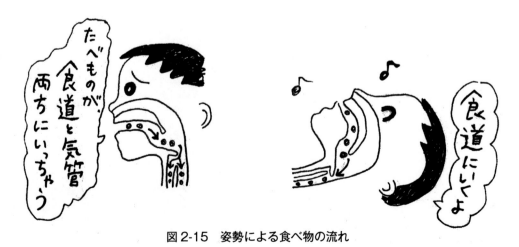

図 2-15　姿勢による食べ物の流れ

摂食時の姿勢については、子どもが誤嚥しない姿勢をつくることが一番重要ですが、もう一つ重要なことは楽な姿勢をつくることです。子どもが楽な姿勢（筋緊張が強くなりにくい姿勢）はもちろんですが、支援する教師も楽な姿勢をとる必要があります。教師の姿勢については意外と見過ごされがちで、無理な姿勢でも教師ががんばることが必要と思われている傾向があります。しかし、無理な姿勢で教師が摂食指導を行うと、いつの間にか雑になったり、摂食させるスピードを無意識に上げることにつながります。また、余裕を持って子どもの口腔内の動きや姿勢の変化を見ることができません。そのため、子どもと共に教師も楽な姿勢をとり、摂食指導を行うことを忘れないようにしましょう。

（3）オーラルコントロール

子どもが食べるときに誤嚥しないように、または摂食能力が向上するように、図 2-16 のように、頭部や口をコントロールします。これをオーラルコントロールといいます。側方からの介助の場合、腕と親指で頭部、人差し指で上唇、中指で下唇、薬指で下顎をコントロールします。慣れてくると小指で嚥下したときの甲状軟骨（喉仏）の上がりが確認できます。一方、前方からのコントロールは、写

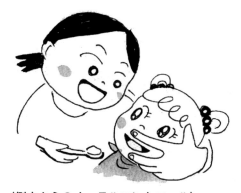
〈側方からのオーラルコントロール〉

〈前方からのオーラルコントロール〉

図 2-16　オーラルコントロール

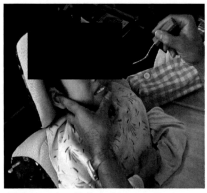
写真 2-12　前方からのコントロール

写真 2-13　上唇をコントロールしたい場合

真2-12のように、頭部を人差し指、下唇を親指、下顎を中指、薬指で行います。これが一般的ですが、上唇をコントロールしたい場合には、写真2-13のように、人差し指を下唇、上唇を親指、下顎を中指、薬指で行います。嚥下したかどうかは、前方からの場合には、甲状軟骨の動きを見て確認します。もちろん、教師の手の大きさや、子どもの大きさにより、コントロールする指を柔軟に変えることが必要です。

　側方と前方の介助のどちらがよいかは、子どもの状態や介助する教師の体の大きさなどで変わってきます。たとえば、大きい子どもを小さな先生が側方から介助することは難しいでしょう。一方、過開口（異常緊張などで、必要以上に口を大きく開けてしまうこと）が強い子どもの場合には、前方からの介助では、口が大きく開いてくることを止めることが難しいことが少なくありません。その場合には、側方からのコントロールが適切になります。私はコミュニケーションを重視する場合には前方から、オーラルコントロールを中心に考える場合には側方から行っています。側方からもコミュニケーションは図れますが、前方からのほうが、お互いの表情で楽しい雰囲気がつくりやすくなります。先生方を見ていると、「あーんして」といいながら、自分自身の口を開けている姿をよく見ます。この動きが子どもの模倣を促しているかもしれません。

（4）口腔内装具

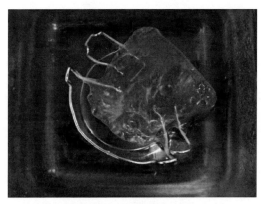

写真2-14　舌接触補助床

　脚に補装具として、短下肢装具や長下肢装具をつけるように、口腔にも装具をつけることがあります。脳性麻痺の子どもは、年齢を重ねると口腔内の歯列が狭くなり、高口蓋（こうこうがい）（口蓋が高くなること）や上顎の前歯の突出が著明になる場合が見られます。これは舌の動きや口唇閉鎖の弱さも原因の一つといわれています。これを補う方法としては、間接訓練や直接訓練はもちろんですが、口腔内装具を装着する方法もあります。

　写真2-14のような装具（舌接触補助床（ぜつせっしょくほじょしょう）：PAP）を口にはめることで、高い口蓋にも舌を押しつける動きが可能になります。実際に活用すると上顎の前歯の突出も防ぐ効果があると感じました。この舌接触補助床は保険対象なので、金額面もそれほど負担がありません。短所としては、口腔内なので、装具がはずれると危険な点があったり、口腔内に強い過敏のある子どもは受け入れない可能性があります。もちろん、成長に合わせて、作り変える必要が出てきます。

第2章 摂食指導

もう一つの口腔内装具として、Castillo-Morales床という装具があります。これは、食べるときには装着せず、日常的に口にはめておくことで、舌の遊びを促しながら、動きをスムーズにしていく装置です。現時点では保険適応ではないのが残念です。

（5）保護者との連携

直接訓練には、学校で給食時間に毎日継続できるという長所があります。そのため、大きな効果が期待できます。しかし、残り2食（朝食、夕食）は家庭で行うため、連携をしっかり図っていないと、家庭と学校との食べさせ方が全く異なり、子どもが混乱するだけで終わることも懸念されます。保護者との連携を図っていくには、子どもの背景（お父さんの協力や兄弟の状況など）をしっかりと把握しておくことが必要です。背景を考慮したうえで可能なことだけお願いしましょう。無理なお願いは保護者にとって負担になるだけです。また、ストローでの水分摂取の項でも述べましたが、なるべく保護者が介助しやすくなるように目標を設定していくことが大切です。今現在、家庭ではどのようにして食べているのか、その食べさせ方と、学校での食べさせ方との共通点と相違点を考えながら連携を図って行く必要があります。

◆ 直接訓練の連携例

直接訓練の連携例を以下に挙げて述べてみます。

まず最初に、家庭ではどのような食べさせ方なのかをしっかりと把握することが重要です。たとえば、学校側は「口唇閉鎖に気をつけて、頸を前屈させ、口唇が降りてくるまで待って食べさせています」と言い、一方家庭では「口を開けてくれるので、顔は上を向かせて口の中に入れています」と言われた場合には、全く逆の食べさせ方になります。

このような場合の連携はどうしたらいいのでしょうか。

まず、保護者がなぜそのような食べさせ方を行っているのかを知ることが大切です。たとえば、以下のようなことが考えられます。

ア）今の食べさせ方でいいと思っている

この場合は、教育相談週間などで正しい食べさせ方について話していく必要があります。もし、このような食べさせ方をしている保護者が多い場合には、保護者を中心とした摂食研修会を開くことも一つの方法です。たとえば、PTAの研修部に呼びかけて、外部講師（医者、歯医者、言語聴覚士（ST）など）を依頼します。本当は校内の人材のほうが、子どもの実態をよくわかっているのでよいのですが、保護者に対するインパクトが違ってきます。いつも会っている先生が講師をするより、「○○病院の××歯科医師」が講師をするほうが効果があるのは間違いありません。費用や時間などの面から都合のつかない場合には、校内の人材であき

71

らめるほかありませんが……。

イ）オーラルコントロールの手技や方法を知らない

これもア）と同じになります。

ウ）環境がつくれない。座位保持椅子やクッションチェアなどがない

重度重複障害児の場合には、福祉制度をどのように上手に活用していくかで、受けられる福祉サービス（補装具の助成など）に大きな差が出てきます。このことは摂食指導だけの問題ではありません。工房会社か義肢装具会社の方に学校へ来てもらい、福祉制度についての説明をしてもらうのがよいと思います。これらの会社の方は、福祉制度をどのように活用すれば、子どもにより多くの補装具などの助成ができるのかを心得ています。つまり、そのことが会社の利益につながってくるので、福祉制度の活用のコツや悪い言葉でいえば抜け道をよくわかっています。自治体の障害児福祉課の人でもよいのですが、役所の方は自治体の予算をなるべく抑えるのが仕事なので、保護者への積極的な働きかけは少ないかもしれません。

エ）よくない食べさせ方とわかっているが時間がない

この原因が一番多いのではないかと思います。大事なことは、保護者を否定しないことです。お互いに助け合う姿勢が大切になります。まず、保護者の立場を受け入れることから始めましょう。その後、ある程度折衷した妥協案を提案していきます。この場合は「前半の少しの時間だけは学校と同じような食べ方にする」「頸は後屈させずに、口の中に入れる」など、話し合っていくことが大切です。また、ア）やイ）にもあてはまりますが、外部専門家が来校する日に保護者に来てもらい、どのように食べさせるのがよいのか、外部専門家から保護者へ話をしてもらいましょう。そうすると、わかってはいるが時間がなくてできなかった保護者でも、「今日から少しだけでもやってみようかな」と考え直してもらえることもあります。もちろん、相談のときだけの連携ではなく、連携のアフターフォローが大切です。正しい口の動きが子どもに見られたときには、連絡帳などを活用し保護者に伝えていきましょう。また、明らかに適切な動きが出てきた場合には、携帯などで録画して見せてあげると、保護者のやる気も高まり、連携が好循環していきます。子どもの伸びが、教師と保護者との連携を好循環させる最も大きな要因であることは間違いありません。

⑤ 摂食嚥下の評価

摂食嚥下の状態を改善していくためには、適切な評価が欠かせません。もちろん、VF（嚥下造影検査：造影剤を含んだ食品を嚥下させ、X線で食塊の動きを観

察する方法）やVE（嚥下内視鏡検査：鼻からファイバースコープを通して、嚥下時の咽頭や喉頭を観察する方法）などのきちんとした検査を行う必要がありますが、学校で実施することはできません。学校で可能な評価としては、以下のようなことが挙げられます。

- 食事中のむせ
- 食事中や食後の喘鳴(ぜんめい)[7]
- 痰の量の増減
- 咳の増減
- 発熱や肺炎の有無
- 食事中の呼吸状態の変化（パルスオキシメーター[8]の活用）
- 胃食道逆流症の有無（経腸栄養剤のにおいなど）
- 体重の増減

写真2-15　頸部聴診法

少し専門的になりますが、聴診器を使う頸部聴診法という方法があります。これは、写真2-15のように頸部に聴診器や専用マイクをあて頸部の音を聞く方法です。この場合、普段から頸部を聴診し、いつもの音と嚥下音や前後の音を比較します。誤嚥や咽頭部に食物残渣がある場合には、泡立ち音や液体振動音がします。詳しい内容は、DVD付の本も出版されているので、少し高額ですが学校で購入することを検討してもよいかもしれません。

パルスオキシメーターを活用した食事中の呼吸状態の評価には、パルスオキシメータールクラ（ユビックス株式会社）とその解析ソフトを活用すると、摂食し始めて、何分ぐらいから呼吸状態が悪くなっているかなどの情報把握が可能です。

(1) 食形態

直接訓練では食形態がとても重要であることはご存じのとおりです。もちろん、子どもに合った食形態であることがとても大切ですが、家庭では学校と全く違う食形態で食べていることも少なくありません。家庭での食形態のほうが、学校と比較し難しい場合がほとんどです。もちろん、子どもはその食形態でも食べることは可能です。たとえば、咀嚼ができない子どもでも、少しカットした形態であれば、舌と口蓋でつぶしながら、丸飲みして食べられないこともありません。そのため、保護者としては、今現在、家庭で食べることができているのに、わざわざ食形態を変える必要がないと思われていることも少なくありません。しかし、このような食べ方は危険を伴うだけでなく、摂食段階の発達も阻害します。この場合、前に述べたように、歯科医、STなどの外部専門家から保護者に説明してもらうことが一番迅速な解決策になります。たとえば、外部専門家に、家庭では

難しい食形態で食べている子どもの学校給食での様子を見てもらい、その結果を連絡帳で報告しながら、保護者との連携を図っていきます。もちろん、外部専門家の来校時に、保護者にも来てもらい、食形態について、担任、保護者、栄養教諭、外部専門家などで共通理解を図ることが最も有効な手段になります。外部専門家の来校日を教育相談やPTAの行事の日と抱き合わせると、保護者も何度も学校に呼び出されたという負担感が少ないと思います。

　このような連携を図ることで、少なくとも学校の食形態を保護者に理解してもらうことは可能となります。このとき「食形態を下げましょう」とか「食形態を落としましょう」とかの言葉は厳禁です。あくまでも「子どもの実態に合せた適切な食形態にしましょう」と言うことを忘れてはいけません。給食参観により、

表2-4　摂食の発達段階と食形態の関係

発達段階	哺乳期	離乳初期	離乳中期	離乳後期	離乳完了期
口唇機能	ほとんど動かない。または半開き	口唇を閉鎖する動きが出る	上下口唇がしっかりと閉じ、口唇の左右同時に伸縮する動きが出る	上下口唇がしっかりと閉じ、口唇の片側に伸縮する動きや上口唇と下口唇がねじれながら動く	上下口唇がしっかりと閉じ、口唇の片側に伸縮する動きや上口唇と下口唇がねじれながら動く
舌機能	舌の前後の動きがある	舌の前後の動きがある	舌の前後の動きに上下の動きが加わる	舌の前後、上下の動きのほか、左右の動きが出てくる	舌の前後、上下の動きのほか、左右の動きがある
顎機能	ほとんど動かない	顎の上下の動きが見られるがコントロールは難しい	顎のコントロールした上下運動が出てくる	顎のコントロールした上下左右の動きが出てくる	顎のコントロールした上下左右の動きがある
摂食機能の指導		平スプーンを使い、口唇を閉じるように指導する	スプーンを使い、口唇が閉じてくるのを待つ	指でつぶせるかたさの食物を前歯でかじりとらせる	手づかみ食べや食具食べを獲得するように支援する
食形態の目安		ペースト食	押しつぶし食	やわらか食	普通食
調理形態		粒がなく滑らかで水分と粘度（ヨーグルト程度）があるもの	舌で押しつぶせるかたさ（豆腐程度）で形のあるもの	歯や歯茎でつぶせるかたさ（バナナ程度）のもので、かみきれるかたさのもの	歯でつぶせたり、かみきれるかたさ（ミートボール程度）のもの

（鹿児島県立鹿児島養護学校版を一部改変）

保護者によっては「家庭でも食形態を変えてみます」というような変容が見られる場合もあります。しかし、家庭によっては「子ども一人分だけ食形態を変えて食事を作ることは大変なので、無理です」と言われる場合も少なくないでしょう。その場合でも、学校では子どもの実態に応じた食形態にすることがとても重要です。食形態を合わせることで、給食時間での誤嚥の危険性が少なくなることはもちろん、むせが見られなくなるので、学校での食事の状態のよさを保護者に連絡することができます。そうすることで「家庭でも食形態を変えていこうかな」と保護者を動かした事例もあります。このように、学校の普段の様子を伝えていくことで、保護者との連携がうまくいく場合も少なくありません。

　表2-4に摂食機能の発達と食形態を載せました。参考にしてください。

（2）とろみ

① とろみの種類

　食形態を簡単に変えることのできるのがとろみです。とろみ調整食品、増粘剤、嚥下補助食品などと呼ばれている場合がありますが、基本的には同じものと思ってかまいません。各社からさまざまな種類のものが市販されています。市販されているものは、大きく以下の３つのタイプに分かれます。

ア）デンプン系

　もったりとしたとろみがつくのが特徴。今は学校現場ではあまり使われていない。

イ）デンプン＋グアーガム系

　デンプン系に比べ少量で強いとろみがつく。唾液の影響を受けにくく、とろみがつく時間も早い。値段は比較的安い。

ウ）キサンタンガム系

　ベタつきが少ないとろみがつくのが特徴。素材の味やにおい、色を損なわずにとろみがつけられる。現在使用されているとろみでは代表的なものになる。

表2-5　とろみの種類と特徴

	デンプン系	デンプン＋グアーガム系	キサンタンガム系
長所	・ミキサー食に形をつけるのに適している ・粘度の発現が早い ・カロリー補給ができる	・少量でとろみがつく ・ナトリウム量が少なく塩分が気になる場合に安心である	・粘度の発現が早い ・ベタつき感が少ない ・透明感がある
短所	・デンプン臭さがある ・唾液で粘度が低下する ・添加量が多くなる	・温度により粘度がばらつく ・使用量が多くなると極端に粘度が増す	・高粘度にするには量が必要になる
製品名	・ムースアップ（ヘルシーフード） ・トロメリン顆粒（三和化学）	・トロミアップエース（日清オイリオグループ） ・ハイトロミール（フードケア）	・とろみファイン（キューピー） ・ソフティア１ゾル（ニュートリー） ・つるりんこQuickly（クリニコ）

表2-5のように、各社の出している製品の特徴は原材料によりかなり異なります。

② とろみの効果

とろみには大きく2つの効果があります。一つは、食べ物が咽頭を通過するスピードを遅くします。口腔から食道へ食べ物を送るときには、喉頭蓋が倒れて気道を閉鎖し、誤嚥を防いでいます。しかし、麻痺の強い子どもの場合、このタイミングが遅れてしまうことがあるので、とろみを使い食べ物に粘性をつけ咽頭を通るスピードを遅くします。このことで、喉頭蓋の閉鎖のタイミングが多少遅れても、食べ物が気管に入りにくくなり誤嚥を防ぎます。また、咀嚼やきざみ食でばらばらになったものを飲み込むときには、まとまりのあるものとして飲み込まないと咽頭の粘膜に張りついたり、咽頭通過時間に差が出たりして、誤嚥の原因になります。咀嚼や嚥下に問題のない人の場合には、唾液で食べ物を混ぜ食塊を形成して飲み込んでいますが、それが難しい場合にはとろみが大きな助けになります。これがもう一つのとろみの効果になります。

③ とろみ使用時の注意点

注意しないといけないことは、とろみは多ければ多いほどいいというものではないということです。というのは、食べ物の粘性が低いと誤嚥しやすいですが、逆に高すぎるとべたつきが増し、喉頭蓋谷や梨状窩に食べ物が残ってしまいます。その残った食べ物が、いつの間にか気管に流れ込み、誤嚥を起こすパターンも少なくありません。そのため、とろみをつけすぎることは厳禁です。

とろみの活用法は学校によって違いがあると思います。学校では○○会社の××という製品のとろみしか使わないと決まっていればよいのですが、それぞれの子どもが家庭で使っているとろみを学校で使用している場合も見られます。その場合、とろみによって粘度などに大きな違いがあることを理解しておく必要があります。○○君の△△とろみはこの程度入れたので、××君の□□とろみもこの量でいいかなと思って使うと、大失敗をすることがあるので要注意です。

また、とろみを入れてから、粘度がつくまでの時間は商品によりさまざまです。とろみを入れてすぐに粘度が高くなる商品もありますが、時間が経たないと粘度が上昇しないものもあります。このため、粘度が少ないと思い、とろみの量を増やしていくと急速に粘度が上昇し、とろみとして使用するには危険な状態になることもあります。また、とろみをつける食材でも粘度は変わってきます。食材が水なのか、牛乳なのか、ミキサー食なのかなど、粘食のつき方の違いを事前に調べておきましょう。さらに、各会社で製品名の後にエースやスリムなどの名前をつけてある場合がありますが、これらはまったく別の製品と考えて取り扱う必要があります。

たとえば、表2-6のフードケアのネオハイトロミールの粘度を見るとわかると思いますが、水100mlに対して、ネオハイトロミールⅢ、スリム、R&Eを活用し、

表 2-6 形態に対するとろみの量（水 100ml あたり） (g)

形　態	フレンチドレッシング状	とんかつソース状
ネオハイトロミールⅢ	0.5	1.2
ネオハイトロミールスリム	1	2
ネオハイトロミールＲ＆Ｅ	0.7	1.5

（フードケアジャパンのホームページより引用）

フレンチドレッシング状の食形態にするのに、スリムでは 1 g を必要としますが、ネオハイトロミールⅢでは半分の 0.5 g で同様の粘度がつきます。

また、今はあまり使われていませんが、デンプン系のとろみの場合には、使用している間に、だんだんとデンプンが唾液で分解され粘度がなくなってきます。この対策としては、一度子どもの口に入ったスプーンを、水で軽く洗って使うだけでもかなり粘度が維持できます。また、とろみのように粘度のあるものが喉頭蓋谷や梨状窩に溜まった場合には、形態の違うものを食べることで咽頭の食物残渣を流すことができます。よく使われるのが、ベタついた食べ物の後にゼリーなどを食べたり、写真 2-16 のような化粧水入れ（100 円ショップで購入できます）を活用したりします。化粧水入れにはお茶や水を入れ、粘度の高いものを食べた後に口の中に噴霧し、嚥下を促すことで咽頭の残渣物を流します。このように食形態を変えて、咽頭の残渣物をなくしていく方法を交互嚥下といいます。

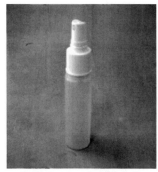

写真 2-16　化粧水入れ

⑥ 栄養量と水分量

(1) 栄養量

① 標準的な栄養量

「栄養量はいったいどのくらい摂取すればいいですか」と質問を受けることがあります。残念ながら、「これだけ食べれば大丈夫です」とか、「これ以上は栄養過多です」ということは言えません。なぜなら、それぞれの子どもで消費エネルギーがかなり異なっているからです。なぜ消費エネルギーが違っているのでしょうか。もちろん、動ける子どもと動けない子どもの消費エネルギーが違っているのは当たり前です。その他に、筋緊張の強さが子どもによって大きく違うことや、消化管通過障害[9]や呼吸障害があるかないかなどの原因で消費エネルギーは大きく異なってきます。表 2-7 が 2010 年度版における基準体重における基礎代謝量です。以下に、これから出てくる難解な用語の説明をします。

表2-7 基礎代謝基準値と成長に伴う組織増加分エネルギー（エネルギー蓄積量）

年　齢 （歳）	男　性			女　性		
	基礎代謝 基準値 （kcal/kg/日）	エネルギー 蓄積量 （kcal/日）	基準体重での 基礎代謝量 （kcal/日）	基礎代謝 基準値 （kcal/kg/日）	エネルギー 蓄積量 （kcal/日）	基準体重での 基礎代謝量 （kcal/日）
1～2	61.0	20	710	59.7	15	660
3～5	54.8	10	890	52.2	10	850
6～7	44.3	15	980	41.9	20	920
8～9	40.8	25	1,120	38.3	25	1,040
10～11	37.4	35	1,330	34.8	30	1,200
12～14	31.0	20	1,490	29.6	25	1,360
15～17	27.0	10	1,580	25.3	10	1,280

（「日本人の食事摂取基準2010年度版」厚生労働省　から引用）

ア）基礎代謝量

　安静にしているときも、体温や呼吸、心臓等の動きを保つためにはエネルギーが必要です。そのエネルギー量のことで、各年齢の基礎代謝基準値に体重をかけたものが基礎代謝量になります。

> 基礎代謝量＝各年齢の基礎代謝基準値×体重

　たとえば、体重が20kgの10歳の男児の基礎代謝量は、37.4 × 20 ＝ 748kcal となります。

イ）身体活動度

　一日の大半を座って過ごす子どもと立って過ごす子どもでは、使われているエネルギー量が違います。これを身体活動度として係数で表します。

> ・座位などが中心で静的な活動の場合：係数 1.5
> ・座位が中心だが、生活に移動や立位での活動がある場合：係数 1.75
> ・生活のほとんどが移動や立位の場合：係数 2.0

ウ）　必要エネルギー量

　子どもの体は大きくなります。そのためのエネルギーをエネルギー蓄積量といいます。それに身体活動度などを考慮に入れて、必要エネルギー量を算出していきます。

　式は、以下のようになります。

> 必要エネルギー量 ＝ 基礎代謝量 × 身体活動度 ＋ エネルギー蓄積量

　これらは標準的な子どもの必要エネルギーです。

② 重度重複障害児の場合

重度重複障害児の場合には①ウ）の必要エネルギー量が当てはまらないことは容易に想像できます。また、同じ仰臥位で過ごす子どもでも、筋緊張の強い子どもと低緊張の子どもでは、必要エネルギーが異なってきます。必要エネルギー量は、体重が大事なのではなく、脂肪を抜いた除脂肪体重と関係があります。脳性麻痺児を含む重度重複障害児の場合には、麻痺のタイプで2つ（アテトーゼ型主体の高エネルギー消費群と痙直型主体の低エネルギー消費群）に分けられます。この2つの型と重度重複障害児の特性を考慮した係数Rとの関係を表2-8に示しました。担当する子どもを当てはめて考えてみてください。

表2-8　エネルギー消費群と臨床的特徴

	A：高エネルギー消費群 $R \geqq 2$	B：低エネルギー消費群 $R \leqq 1$	C：中間群 $1 < R < 2$ （多くがこの範囲に入る）
臨床的特徴	・筋緊張の変動が激しい ・不随意運動あり ・皮下脂肪が薄く筋肉量が多い ・刺激に対する反応性高い ・アテトーゼ型脳性麻痺 ・移動能力がある ・努力性の呼吸や咳き込みが多い	・筋緊張の変動がない ・動きがない ・皮下脂肪が厚く、筋肉量が少ない ・痙直型脳性麻痺 ・移動しない ・刺激に対する反応が少ない ・気管切開や人工呼吸器の装着 ・呼吸に努力を要しない	（$1 < R < 1.5$）まで ・経管栄養のケース（経口摂取よりエネルギー効率がよいと考えられる） ・B群の特徴のいくつかを持っている （$1.5 < R < 2$） ・経口摂取 ・A群の特徴のいくつかを持っている

注）R＝体重あたりの栄養摂取量／年齢別体重あたりの標準基礎代謝量

（口分田政夫・永江彰子（2012）「静脈経腸栄養」Vol.27, No.5, P21-28 から引用）

これらを考慮して、実際の必要エネルギー量は以下のようになります。

> 必要エネルギー量　＝　基礎代謝量　×　R　＋　エネルギー蓄積量

たとえば、寝たきりで体重15kgの8歳の男子の標準的基礎代謝量は、40.8kcal／kg／日 × 15kg ＝ 612kcal になります。この子どもが、皮下脂肪がなく、筋緊張の変動が激しいアテトーゼ型の子どもで、おまけに努力呼吸が強い子どもであれば、Rを2.0に設定して計算すると 612kcal × 2.0 ＝ 1,224kcal になります。それにエネルギー蓄積量を加えて、

　1,224kcal ＋ 25kcal ＝ 1,249kcal

が必要エネルギー量になります。

一方、対照的に筋緊張がなく、自発運動が見られない子どもであれば、たとえ

ばRを1.0に設定し、612kcal × 1.0 = 612kcalとなります。これに、エネルギー蓄積量を加えて、

612kcal + 25kcal = 637kcal

になります。もちろん、これらの値に体重の増減等を加味しながら修正を加えていきます。この値を見ると、同じ寝たきりで体型が近い子どもであっても、子どもの臨床的特徴で、必要エネルギーは約640kcalから1,000kcal以上まで変動します。

努力呼吸のひどかった子どもが、エアウェイ（気道を確保するチューブ）を挿入したら、すごく太ってきたことがありました。そのときに、努力呼吸のエネルギー消費量の大きさにびっくりさせられた記憶があります。

このような計算とともに、体重は必ず定期的にチェックし、減少した場合には原因の究明と摂取エネルギーの調整が必要なことは言うまでもありません。

（2）水分量

次に、水分量について述べていきます。

一般的な小児の必要水分量より、寝たきりの子どもの場合、少なめの算定量でよいとされています。表2-9が、一日に必要な水分量になります。しかし、子どもにより、唾液や汗による喪失が多かったり、痰が出やすいような子どもでは、水分量の確保を考え、多めの水分量を維持しておく必要があります。また、ステロイド剤やてんかん薬には結石を作りやすいものがあるので要注意です。

以下の抗てんかん薬を服用している子どもの場合には、副作用として腎結石ができやすくなるので、水分を多めに設定することが必要です。

　　・ゾニサミド（エクセグラン）　　・トピラマート（トピナ）

表2-9　一日に必要な水分量

体　重（kg）	維持水分量（体重1kgあたり）(ml)		
	標準児	肥満児	やせ児
新生児		50	
3〜10（乳児）	70	60〜50	75〜80
10〜15（幼児）	60	55〜40	65〜70
15〜25（学童）	50	45〜35	55〜60
25〜35（学童）	40	35〜30	40〜45
35〜60（中学）	30	25〜20	30〜35

（松石豊次郎・北住映二・杉本建郎編者（2006）「医療的ケア研修テキスト」日本小児神経学会社会活動委員会，P90から引用）

また、学校現場では尿量からの水分量の設定をすることも少なくありません。使用済みの紙おむつの重さから未使用の紙おむつの重さを引いたのが、おおよその尿量になるので、すぐにわかります。

第2章　摂食指導

必要な水分量は

$$\text{尿量 1 ml ／ kg ／時間　＝　24ml ／ kg ／日}$$

になります。

　たとえば、20kg の体重の子どもであれば、1 時間で 20ml、一日で 480ml の尿が排出されていれば大丈夫ということになります。ただし、この尿量での水分量の設定は、腎臓や心臓の疾患がある場合には適切ではありません。もちろん、下痢や嘔吐がある場合もあてはまりませんので注意してください。

⑦ 食事の自立

（1）食事動作の重要性

　重度重複障害児の摂食指導の中で、意外と見過ごされがちなのが食事動作です。それはなぜでしょうか。大きな理由としては、障害の重い子どもの場合、自分で食べられる子どもが少ないことが一番の理由として挙げられます。また、摂食指導に関する本の内容が、全介助の子どもを中心にしたものが多いことなどが考えられます。しかし、食事動作も全介助の子どもの摂食指導と同様にとても重要な学習内容になります。

　気をつけないといけないことは、食事で自立を目指すような子どもの場合、介助して食べさせる場合と違い、食事での事故が少ないと、ついつい思いがちです。しかし、知的障害の子どもでも食事中の事故が起こっているように、食事動作を学習する必要がある子どもでも、事故が起こることを想定しておくことが重要です。

　「自立活動の時間における指導」で、手指の巧緻性や目と手の協応動作の学習を行っている子どもには、自分で食べることはかなり魅力のある学習内容だと思います。食欲のある子どもにとって、食べるということは大きな動機付けになり、その結果として食事がおいしかったことがさらに強い強化子となります。

　一方、食事動作で見逃されがちなこととして、姿勢の問題があります。一般的に食事中の姿勢は、介助による摂食指導と違い、能動的で主体的な動作のため、後傾ではないはずです。私たちが食事をとるときの姿勢を考えてみましょう。体は前傾です。後傾になって食べることはとても不自然な姿勢になります。ときどき、前傾にならない座位保持椅子で食事動作を行っている子どもを見かけることがあります。このような子どもの場合には、もう一度実態について再確認する必要があるでしょう。座位保持椅子を活用している理由は、おそらく体幹や頭部の安定性を図るためや側弯および変形予防のためだと思われます。

　では、食事動作を学習しているのはなぜでしょうか。将来、自食ができる可能

性がある。または、そこまでの動作は身に付かなくても、子どもの能動的な動作や気持ちを促したい。などが考えられます。もし、自食を身に付けさせたいのであれば、もう一度、子どもの実態をよく観察し、保護者や主治医、セラピストなどの外部専門家と相談してみましょう。意外と、座位保持椅子を使っている理由は、車椅子でもよいけれど、自分でこぐことが難しいため、日常生活での体幹への負担を考え、念のために座位保持椅子にしている場合もあります。その場合には、食事の時間だけ、背中にクッションを入れて前傾にしたり、食事中だけ、座位保持椅子から椅子に乗り換え、食事動作を行うことも考えてみてはどうでしょうか。

(2) 支援のポイント

以下に、体を前傾にした場合に、姿勢が崩れないように支援するポイントを挙げてみました。

① **骨盤が前にずれる**

写真2-17　内転防止パッド

足底はきちんと床に設置するようにします。そのために、座面の高さの調整や足台を調節してみましょう。それでも骨盤が前にずれる場合には、写真2-17のような携帯用の内転防止パッドを使うと骨盤のずれはある程度防げると思います。この製品は、レインボーシートという会社が扱っていますが、持ち運びができるのでとても便利な商品です。

② **体が斜めになりやすい**

体幹と椅子の隙間にクッションやタオルを入れて、体を整えます。

③ **上肢がうまく操作できない**

写真2-18　カットアウトテーブル

テーブルはできれば写真2-18のようなカットアウトテーブルだと上肢の操作は安定します。上肢の操作に、最も適切なテーブルの高さは肘の高さだといわれています。理由は、肘以上でも以下でも、肘の活用がうまくいかないために、疲れやすくなったり、姿勢の崩れが起こったりするからです。肘を支点に上肢を動かすことで、かなり操作が楽になるはずです。

④ **上肢の麻痺でうまく食べることができない**

上肢の麻痺の程度で、適切な自助具（腕や手の麻痺などのため、日常生活で困難になった動作をなるべく自分自身でできるように工夫された道具）を活用します。自助具には、いろいろなものがありますが、よく使われているのは、写真

| 第2章 | 摂食指導

写真2-19　特殊箸①

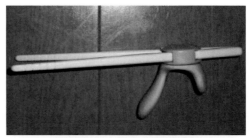
写真2-20　子ども用特殊箸

写真2-21　特殊箸②

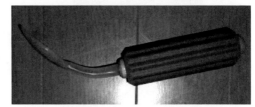
写真2-22　特殊スプーン

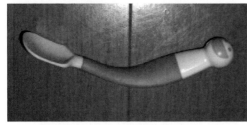
写真2-23　子ども用特殊スプーン

写真2-24　平スプーン

2-19のような特殊な箸ではないでしょうか。この箸はうまくできていて、小さなものをはさむのにはとても便利な商品です。しかし、この箸をずっと使用しても、自然に普通の箸へ移行することはありません。というのは、普通の箸を使う指の動きとこの箸を使う指の動きは、同じ動きではないためです。しかし、この箸を使うことで、上手に小さい食べ物がはさめたり、自分で箸を使って食べる経験が可能になるため、子どもの達成感が高まり、取り組む姿勢も違ってくると思います。また、普通の箸を使うことを目指すのであれば、支援している箇所の少ない箸へ、徐々に移行する必要があります。そのために、写真2-20のような箸の使用を考えていきます。一方、写真2-21の箸は、手の大きな子ども用の特殊箸です。

　スプーンの場合、手指に麻痺のある子どもでは、写真2-22のように、グリップの太いスプーンを使い、手掌回内握り（P85, 表2-10を参照）から始める場合が多いようです。また、このスプーンは、腕の可動域が狭い子どもでも、柄の部位を自由に曲げることができるため、スプーンのボール部を口の正面に向けることが可能です。写真2-23は同様に、柄の可動性のある小さなスプーンです。口唇の取り込みが未熟な子どもの場合には、写真2-24のような平スプーンが適切です。もし、子どもに噛み込みが見られる場合には、写真2-25のようなソフトスプーンに

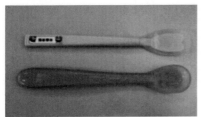
写真 2-25　ソフトスプーン

写真 2-26　グリップ

写真 2-28　スプーン用カフ

写真 2-27　配管保湿材

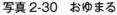
写真 2-29　ピストル型スプーン　　写真 2-30　おゆまる

替えると噛み込みが少なくなる場合があります。

　また、写真 2-26 のようなスプーンのグリップだけの購入も可能です。一方、写真 2-27 は、エアコンの配管保湿材ですが、意外とスプーンのグリップとして役に立ちます。握れない子どもの場合には、写真 2-28 のように、カフでスプーンを固定することもできます。

　そのほか、回内握りから、三指握りへ変えるための自助具として、写真 2-29 のような、スプーンにピストル型の取っ手を付けたものを活用する場合もあります。この場合には、写真 2-30 のような「おゆまる」という 100 円ショップで売っている熱変性樹脂を活用しています。この「おゆまる」は、60℃以上のお湯で柔らかくなり冷えると固まるので、いろいろな形が作れ、子どもに応じた自助具を作るのには適しています。少し高くなりますが、「インフィネイト」という熱変性樹脂も、インターネット等で買うことができます。

⑧ スプーンの握り方

　スプーンの握り方は、手づかみ食べから、手掌回内握り、手指回内握り、静的三指握り、動的三指握りの順に発達していきます。表 2-10 を見ると違いがわかると思いますが、動的三指握りは、スプーンだけでなく、箸や鉛筆など、日常生活

表2-10 発達と握り方の特徴

	手掌回内握り	手指回内握り	静的三指握り	動的三指握り
動きの特徴	手とスプーンが一緒に動く。そのため、手首の動きは見られない。肩と肘の動きですくう。	手掌回内握りから親指と人差し指が伸び、前腕と手首ですくう。	手首が返り、鉛筆を持つような握りになる。しかし、指ではなくまだ手首ですくう。	手首の動きとともに指の動きが出てくるため、すくう量の調節がうまくいく。
握り方				

に応用できるので、可能性のある子どもは促していきたい握りです。

　一方、箸やスプーンを工夫するだけではなく、皿にあるもののすくいやすさも重要です。写真2-31のように縁が立ち上がっている特殊皿と滑り止めを併用すると、かなりすくいやすくなります。また、水分補給のときには、写真2-32のようなカットアウトコップを活用すると、傾けても鼻にコップの縁があたらないために、頭をそらさずに飲むことが可能になります。このように、自助具は生活を豊かにしていくにはすばらしい道具ですが、常に携帯する必要があるので、できれば発達を促していくことで、活用しなくても生活できることを目指していきたいものです。

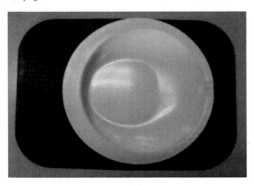

写真2-31　特殊皿と滑り止め　　写真2-32　カットアウトコップ

⑨ 問題行動

（1）食べ物に注意が向かない

　視覚刺激や聴覚刺激に対し過剰に反応してしまい、食べることがおろそかになる子どもをよく見ます。給食室ではなく、なるべく人数の少ない教室等で食べる

とかなり改善したり、机上に市販の衝立やダンボール等でパーティションをすると、集中して食べられる場合もあります。しかし、これでは楽しい給食時間がつまらないものに変わってしまうかもしれません。みんなと楽しくにぎやかな給食室で食べる場合には、なるべく視覚刺激が入りにくい場所に座席を変更したり、食べ物に対して注意が向くように、食器の色は単色にし、食べ物とのコントラストをはっきりさせ、食べ物への注意を促していくことも必要です。

（2）丸飲み

特別支援学校で、咀嚼する能力があるのに、丸飲みをしている子どもに出会うことは少なくありません。

丸飲みは、重度重複障害児に限らず知的障害児でもよく見られます。これは、教師や保護者の以下のような思いが、子どもに丸飲みの習慣を作ってきた可能性があります。

・好き嫌いなく何でも食べさせたい

・時間内に食べさせたい

・こぼさないように食べさせたい

このような考えは、図2-17のような流れを形成する可能性があります。ADL（日常生活動作）を中心に考えると、どうしても、偏食なく、時間内に、こぼさずに食べることが目標になります。一方、口腔内の機能の発達や成長を重視すると、よく噛んでゆっくり食べることが必要です。どちらを優先するのかは、保護者との連携が不可欠です。丸飲みの習慣を直すには、食事のすべてを子どもが食べるのではなく、教師が少しは食べさせてあげる必要があります。そのときに、あえて食べ物を奥歯や舌の手前に置いてあげ、なるべく口腔内の機能を使うように促しましょう。この場合の食べ物には好きなものを活用することがポイントです。好きなもので、まず味わう習慣を付けさせるようにします。また、全量を子ども自身に食べさせる場合には、取り皿に少しずつ小分けにしてあげたり、一口入れたら何回噛みますなどの注意で、ある程度丸飲みの習慣が止まる場合もあります。また、舌の動きが悪かったり、虫歯が多かったりする場合もあるので、その点は注意して観察してください。

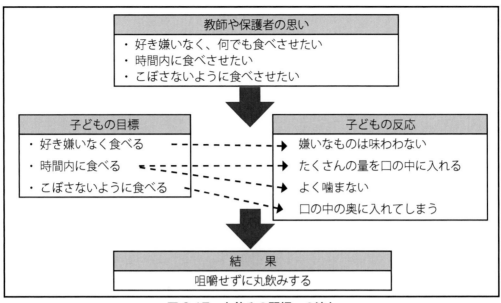

図2-17 丸飲みの習慣への流れ

⑩ 口腔ケア

（1）口腔ケアの必要性

　摂食指導では、口腔ケアは間接訓練や直接訓練と比較すると、少し日陰的な存在になるかもしれません。直接訓練では、食べ物を食べさせる際にむせなどで、摂食指導での難しさを痛感します。また、間接訓練では、バンゲード法など摂食の指導技法を行うことで、効果があると期待しながら取り組めます。それらと比較すると口腔ケアは、子どもたちの健康を維持するぞと張り切って取り組みにくい学習内容かもしれません。しかし、口腔ケアを行うことには実に多くの目的があります。以下に口腔ケアの必要性を述べます。

- 歯垢や食物残渣を取り除くことで、口腔内の環境を清潔にする
- 口腔内細菌の増殖を抑える
- 口臭などを予防する
- 口唇や口腔内の乾燥を改善する
- 歯肉への機械的な刺激により、血液の循環をよくする
- 唾液の分泌を促し自浄作用を高める
- 口唇や歯肉などに感覚を入れることで、味覚や口唇の機能を向上させる
- 口腔内の機械的な刺激により、口腔内の機能の維持や向上を行う

摂食嚥下障害を有する重度重複障害児教育の場合、誤嚥性肺炎の予防が大きな目的となります。私たちの場合には、肺炎というと、飛沫感染（咳やくしゃみ、会話などでの感染）での肺炎を考えがちです。一方、重度重複障害児の場合には、誤嚥性の肺炎がかなり多くを占めています。食事中にむせがあり、喘鳴が始まるようだと、食事中の誤嚥が原因で、肺炎を起こしているのではないかと予想できます。しかし、睡眠中などの唾液の誤嚥や胃食道逆流による胃液の誤嚥などの誤嚥性肺炎の場合には、なかなか原因がわからなかったり、対応が難しい場合が少なくありません。そこで、誤嚥をしても肺炎になりにくいように、口腔内を清潔にしておく必要が出てきます。そのためには、口腔ケアで細菌数を減少させておくことが大切です。時々、保護者が「うちの子は経管栄養なので、あんまり歯磨きしていないんですよ」というのを聞いたことがないでしょうか。これは大きな誤りです。食べていないから、口腔内の細菌が発生しないわけではありません。口腔内を使っていない子どもの場合には、唾液の分泌が減少します。そのため、唾液による自浄作用が働きません。その結果、口腔内には多くの細菌が増殖してきます。しかも、普段から食べていない子どもの場合には嚥下能力も落ちているため、汚れた唾液を誤嚥してしまうということにもなり、結果的に誤嚥性肺炎を起こしやすくなります。そのため食べ物を食べていない子どもほど口腔ケアは必要になります。

（2）口腔ケアの実践

口腔ケアの順序を述べていきます。

座位保持椅子等で安定した姿勢の子どもの前方からまたは後方から行います。大切なことは、子どもと共に教師も、疲れない姿勢であることです。誤嚥の心配のある子どもの場合、頸部を前屈させたり、臥位で行う場合には、仰臥位ではなく側臥位で行うほうが安心です。水分を誤嚥する心配の

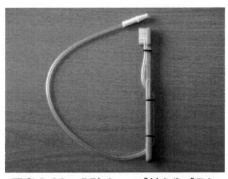

写真2-33　吸引チューブ付き歯ブラシ

ある子どもは、歯ブラシではなく写真2-33のような吸引チューブ付き歯ブラシを使うほうが安全でしょう。

---

① 口腔ケアを行いやすい姿勢をとります。
② 手袋をはめます。
③ これからみがくことを声かけ等で知らせます。
④ 口腔内が乾燥した状態であれば、口腔粘膜を傷つけてしまう可能性があるので、口腔内全体を少し湿らせます。
⑤ 指の腹で口唇や頬を広げ十分なスペースを確保します。
⑥ 少し小さめの歯ブラシを用いてていねいにみがきます。

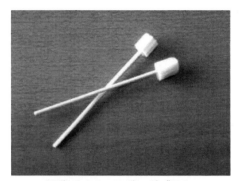

写真 2-34 スポンジブラシ

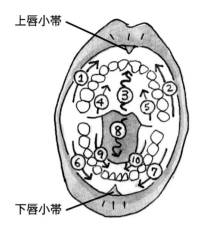

図 2-18 口腔清拭の手順

　みがくときは、数を数えたり、歌を歌ったりしてあげることで、子どもによっては終わりの見通しを持つことができるようになります。みがく順序としては、臼歯から始め、過敏の残りやすい前歯は後でみがくほうがよいでしょう。また、いつもみがく順序を同じようにすることで、子どもの習慣がつきやすくなります。なお、歯ブラシをコップの中の水や洗浄水で洗うことは忘れないようにしてください。

　最後は、口腔ケア後に、子どもに良かったイメージが残るように、称賛や好きなことをしてあげることが大切です。

　経鼻経管栄養の場合には、口腔内の細菌がチューブに付着しやすいので、チューブ交換も適切な時期に行うことが必要になります。

　誤嚥の心配がある子どもの場合、歯ブラシの代わりに写真 2-34 のようなスポンジブラシを使うことも一つの方法です。スポンジを水に浸した後、しっかりと絞った状態で行います。スポンジの感覚が嫌な場合には、すぐ動かすのではなく感覚に慣れるまでしばらく入れたまま待ちましょう。清掃する順番は、図 2-18 のように、感覚の鈍い奥から手前のほうに行います。最初、頬の内側にスポンジを入れ、手前に向かってスポンジを回しながら汚れを取っていきます。スポンジブラシは口の真ん中の小帯にあたらないように気をつけます。

　特に、抗てんかん薬などを服用している場合には、唾液分泌の抑制や歯肉増殖などの副作用で、口腔衛生状態が悪化している場合も少なくありません。また、口を開けてくれない子どもの場合には、市販の開口器やゴムホース、割り箸などを芯棒にしてガーゼで円柱状に巻いたものを輪ゴムで固定し、噛んでもらい、開口することが多いようです。しかし、ガーゼの場合には汚れがしみこみやすく不潔になったり、歯にガーゼがついたりすることがあります。厚さ 2 ミリ程度のビニールをしっかり巻いて、輪ゴム等で固定したものを芯にすると、ビニールの巻き数を調整できるので、太さを変えて使えます。さらに、すぐ洗えるので、不潔

になりにくい面でもおすすめです。また、噛んでもらう場所は奥歯になります。前歯だと歯が破折することがあるので気をつけてください。

1)	経鼻経管栄養 （けいびけいかんえいよう）	口から食事を摂れない場合に、鼻を通すチューブを使い、胃や腸に栄養を入れること。
2)	胃ろう（いろう）	お腹に穴をあけ、直接栄養をチューブを使って胃に入れること。
3)	副鼻腔炎（ふくびくうえん）	鼻づまりや鼻水が症状の鼻の疾患で、慢性副鼻腔炎は蓄膿症ともいう。
4)	ベロタッチ	歯ブラシで舌を刺激することで、子どもや高齢者の口の機能を育てていく健康法。
5)	気管切開（きかんせっかい）	気管と頸に穴を開けることで、気道を確保すること。
6)	喉頭気管分離術 （こうとうきかんぶんりじゅつ）	気管を上下に分け、口側の気管をふさいで誤嚥を防止し、頸の穴と肺側の気管をつなぐことで気道を確保する手術。
7)	喘鳴（ぜんめい）	呼吸のときに気道からゼイゼイと音が出ること。
8)	パルスオキシメーター	指先や耳にセンサーをつけ、脈拍数と血液の酸素濃度を測る機器。
9)	消化管通過障害 （しょうかかんつうかしょうがい）	消化管の運動低下などのさまざまな原因で、食べたものが消化管を通りにくくなっている状態のこと。

引用参考文献

文部科学省（2009）特別支援学校学習指導要領解説自立活動編
日本小児神経学会社会活動委員会編（2008）医療的ケア研修テスト　クリエイツかもがわ
日本小児神経学会社会活動委員会編（2012）新版医療的ケア研修テスト　クリエイツかもがわ
日本肢体不自由児協会（2010）摂食障害－指導援助の実際－
日本肢体不自由児協会（2004）障害児の療育ハンドブック
江草安彦監修（2005）重症心身障害療育マニュアル第2版　医歯薬出版
岡田喜篤監修（2015）新版重症心身障害療育マニュアル　医歯薬出版
田角　勝・向井美惠編著（2006）小児の摂食・嚥下リハビリテーション　医歯薬出版
金子芳洋監修（2005）障害児者の摂食・嚥下・呼吸リハビリテーション　医歯薬出版
鴨下賢一編（2013）発達が気になる子への生活動作の教え方　中央法規
静脈経腸栄養学会（2012）静脈経腸栄養第27巻第5号, ジェフコーポレーション
田角勝（2013）子どもの摂食嚥下リハビリテーション　診断と治療社
日本肢体不自由児協会編（2007）はげみ No.312-313
坂口しおり（2016）知的障害特別支援学校での摂食指導と言語指導　ジアース教育新社
松元泰英（2015）肢体不自由教育連携で困らないための医療用語集　ジアース教育新社
フードケアジャパン
　http://www.food-care.co.jp/products/nht3/index.html
　http://www.food-care.co.jp/products/neor_e/index.html
　http://www.food-care.co.jp/products/slim/index.html

第3章

姿　勢

重度重複障害児の学習や健康に姿勢が大きく影響することは、特別支援学校の現場で先生方は体感されていると思います。特に、寝たきりの子どもの場合には、姿勢は呼吸や摂食などの生命維持に関わる活動にも大きく影響しています。そのため、姿勢を毎日変えるだけでも、重度重複障害児の健康を維持するには大きな効果が見られます。とくに、自分自身での姿勢変換ができない子どもの場合には、家では保護者、学校では教師の手により、適切な姿勢変換を行っていくことが不可欠です。

　私たちも日常、姿勢が健康へ与える影響を感じる場面があると思います。たとえば、胸を大きく開くと深く呼吸できますが、丸まった姿勢では呼吸を深くすることが難しくなります。もちろん、重度重複障害児の場合には、私たちより姿勢の影響を大きく受けていることは容易に想像できます。

　以下に、いろいろな姿勢の長所や短所を述べていきます。

① いろいろな姿勢の特徴と注意点

（1）仰臥位（背臥位）

　仰臥位（背臥位）は仰向けのことです。日常、私たちが休む場合や睡眠をとるための姿勢ですが、この姿勢は背中を支持面にするので、最も支持面が大きくさらに重心も低いため、安定しています。そのため、この姿勢でずっと過ごしている子どもも多いと思います。しかし、短所も少なくない姿勢です。

　この姿勢の長所と短所を挙げてみます。

【長　所】

① 支持面が大きく安定している　→　日常私たちも感じることができます。

② 安楽な姿勢である　→　日常私たちも感じることができます。

③ 視野が広い

　→　頸をコントロールできる子どもは、かなり大きな視野を保つことが可能です。

④ 教師が子どもの表情を把握しやすい

　→　この姿勢だと常に教師から子どもの顔がうかがえ、子どもの健康状態や感情が把握しやすい姿勢になります。

⑤ 他の人とフェイス・トゥ・フェイスになりやすく、コミュニケーションを図りやすい

　→　子どもと目を合わせるなどのコミュニケーションを図ることが最も簡単にできる姿勢です。日常、「〇〇君、おはよう」などの声かけや話しかけが可能です。

⑥ 介助しやすい
　→　衣服の着脱やおむつ替えなどは、仰臥位でないと難しい場面が多いと思います。また、車椅子や座位保持椅子などから抱っこし寝かせたり、逆に、車椅子などに乗せるために、抱っこしたりするのには最も適した姿勢です。
⑦ 嫌がる子どもが少ない
　→　この姿勢を嫌がる子どもは、何か特別の理由がない限り見られません。そのため、教師も疑問に思わず、この姿勢を子どもに続けさせてしまいます。また、側臥位や腹臥位にしようとすると泣いたり、不機嫌な顔になったりする子どもの場合、つい姿勢変換することをやめて、仰臥位で過ごさせてしまうことも少なくありません。

【短　所】
① 下顎後退[1]や舌根沈下（第8章2を参照）により、呼吸状態を悪くします。
② 口腔内の痰や唾液が喉に溜まりやすく、誤嚥を起こす場合があります。
③ 頭をコントロールできない子どもでは、顔が同じ方向を向いたままになるため、非対称性の姿勢になり、側弯や風に吹かれた股関節肢位（図3-1）になることがあります。
④ 肺の換気状態が背中側では悪くなり、肺炎を起こしやすくなります。
⑤ 背中の動きが制限されるため、深い呼吸がしづらくなります。
⑥ 胸郭の扁平が起こりやすくなります。
⑦ 肩を後ろに引く動きと反り返る動きが出やすくなります。
⑧ 両上肢を使いにくい姿勢です。

図3-1　風に吹かれた股関節肢位

図3-2　適切な仰臥位

　このように、仰臥位はコミュニケーションを図るにはとても優れた姿勢ですが、健康を保持するには適切な姿勢ではないことを頭に入れておく必要があります。また、仰臥位をとる場合には、平らな場所にそのままの状態で、仰臥位にするのではなく、図3-2のように、膝下にクッションを入れたり、頭部や手の位置を調整することで、緊張を落としてあげることが必要です。

（2）側臥位

側臥位は横向きの姿勢のことですが、この姿勢は仰臥位の短所を補ってくれる姿勢です。

【長　所】

① 下顎後退や舌根沈下を防ぎます。

② 口腔内の痰や唾液が喉に溜まることを防ぎます。

③ 股関節や膝が屈曲になるため、筋緊張がゆるみやすくなります。

④ 胸郭の前後の運動が出やすくなり、胸郭扁平[2]を防ぎます。

⑤ 枕やクッションを上手に使うと、上肢が使いやすくなります。

【短　所】

① 支持面が狭いため姿勢保持が難しく不安定な姿勢になります。

② 子どもが受け入れない場合があります。

③ 左凸の側弯がある場合には、右側を下にした右側臥位では胃食道逆流が悪化することがあります。

子どもに応じた適切な側臥位は、長所に書かれているようにかなり有効な姿勢となります。しかし、短所にも述べてあるように、姿勢保持が難しいことも少なくありません。そのときには、側臥位ポジショナー（第7章を参照）を活用するのも一つの方法です。また、イーコレ・ベーシック（龍野コルク工業株式会社：第7章を参照）を活用すると、子どもの姿勢に合わせた側臥位が可能になります。側弯がある場合の注意点は、凸側が上の場合には枕を低く、一方、凸側が下になる場合には、枕を高くするのが一般的です。かなり進行した側弯がある場合には、パルスオキシメーターなどを活用しながら、子どもの生理状態を確認し、姿勢変換を行う必要があります。

（3）腹臥位

腹臥位はうつ伏せの姿勢のことです。この姿勢は仰臥位と全く逆になる姿勢のため、仰臥位の短所を補いますが、表情が見えない、つまりコミュニケーションがとりづらいという大きな欠点があります。

【長　所】

① 下顎後退や舌根沈下を防ぎます。

② 口腔内の痰や唾液が喉に溜まることを防ぎます。

③ クッションなどをうまく使うことで、筋緊張が低下しリラックスした状態を作ります。

④ 背中の動きがよくなることで、呼吸がしやすくなります。

⑤ 肺の背中側の換気を改善することで、肺炎を防止します。

第3章 姿勢

【短　所】

① 子どもとフェイス・トゥ・フェイスにならないため、コミュニケーションをとりにくい姿勢です。

② 表情が観察しにくいため、子どもの状態がわかりにくい面があります。

③ 子どもが受け入れない場合があります。

④ 口、鼻が塞がれ、窒息の危険性があります。

⑤ 気管切開や胃ろうを行っている場合には、その部位があたるためにできないことがあります。

⑥ 腹部や胸部に強い圧迫がかかると呼吸がしにくくなる場合があります。

⑦ 教師一人では、なかなかとらせにくい姿勢です。

　この姿勢は、仰臥位の欠点を補うという点では望ましい姿勢ですが、口や鼻がおおわれると窒息の恐れがあり、決して目を離すことのできない姿勢です。また、この姿勢に慣れていない子どもをこの姿勢にする場合には、子どもの表情以外に、パルスオキシメーターなどを活用しながら、脈拍や酸素濃度を測定し、子どもの生理状態をチェックする必要があります。また、胃ろう部や気管切開部があたらないようにしなければなりません。自作の腹臥位ポジショナーでもいいですが、胃ろうや気管切開を行っている子どもの場合には、その部分をくり抜く必要があるので、専門の業者に頼んだほうが安心かもしれません。また、子どもを腹臥位にする場合には、カニューレ（気管などに挿入する太めの管）の自己抜去などの恐れもあるので、必ず複数の教師で行う必要があります。

（4）座位

　私たちが活動するときには座位になることが多いと思います。つまり、座位は安楽ではなく活動の姿勢と考えられます。

【長　所】

① 活動が行いやすくなります。

② 上肢が使いやすくなります。

③ 視野が広くなります。

④ 横隔膜の動きがよくなります。

⑤ 前傾座位では、腹臥位に近い効果があります。

⑥ 胃食道逆流が起こりにくくなります。

⑦ 心身の能動性が向上します。

【短　所】

① 座位が安定しない場合には、腹部が圧迫されて、横隔膜の動きが制限されることがあります。

② リクライニングの姿勢では、仰臥位と同様に下顎後退や舌根沈下が起こり、痰や唾液が喉に溜まることもあります。
③ 安楽の肢位ではないため、長時間の座位は脊柱の変形や側弯に影響します。

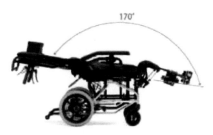

写真 3-1　リクライニング式

写真 3-2　ティルト式

自力座位の可能な子どもの場合には、車椅子や座位保持椅子に乗っている時間をそれほど考慮する必要はありません。しかし、自力座位のできない子どもの場合には、長時間座らせておくことがないように、子どもの状態に合わせて座位保持椅子からおろし、臥位（寝た状態）などのくつろいだ姿勢を定期的につくってあげましょう。また、座位の中でも、活動するときは前傾であり、休むときには後傾になります。そのことを踏まえながら、子どもの目的に応じて、背もたれの角度を変えてあげることが大切です。座位保持椅子や車椅子、バギーは、写真 3-1、3-2（メーカーの許可を得て、ホームページより引用）のように、リクライニング式またはティルト式で、背面

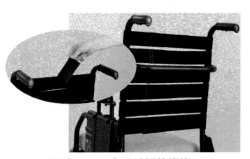

写真 3-3　背張り調整機能

の角度を変えることができるようになっていると思います。どちらも後ろに倒れ、体の圧力を分散させる働きがあります。リクライニング式の場合には座面と背面の角度が変化し、くつろいだ姿勢になることができますが、身体が前方へズレやすくなります、一方、ティルト式の場合には、身体の前方へのズレを防ぎ、安定した姿勢を保つことが可能ですが、姿勢自体の変化はないため、くつろいだ感じを得ることが難しく、同一の姿勢を続けていることになります。体幹が不安定な子どもの場合には、体幹がずれないように、ティルト式の座位保持椅子がほとんどです。車椅子やバギーは、両方の機能を持っていることもあり、子どもの状態によって使い分けることが大切です。また、車椅子やバギーには、写真 3-3（メーカーの許可を得て、ホームページより引用）のように、背張り調整機能がついていることが多いので、子どもの体型に合わせて調整していきましょう。

仰臥位、側臥位、腹臥位、座位について述べてきましたが、どの姿勢も長所と短所があることがわかったと思います。つまり、絶対的によい姿勢や正しい姿勢

というものは存在しません。どんな姿勢でも長く同じ姿勢をとると望ましくない姿勢になってしまいます。また、子どもの状態やどんな活動を行うかで、適切な姿勢は変化します。それを考えながら、姿勢変換を行うことが必要です。自分で動ける子どもの場合には、日常、いろいろな姿勢をとっています。一方、自分で動けない子どもの場合には、教師が支援しないと姿勢が変えられません。必ず学校生活の中では、いろいろな姿勢をとらせてあげましょう。毎日の姿勢変換の継続は、子どもの呼吸状態の維持改善、変形の予防はもちろん、舌根沈下や喘鳴、筋力低下、褥瘡[3] などを未然に防ぐ効果があります。また、内臓機能の活性化や覚醒水準（目覚めている状態）を上げることにつながっていきます。

　重度重複障害児の場合には、子どもの反応が乏しく捉えにくいため、学校での教育の効果を実感しにくい面もあるかもしれません。しかし、学校で姿勢変換や声かけを常に行うことが、子どもの健康の維持や認知面の成長に大きな影響を与えているのは間違いない事実です。

　学校で見られる失敗例として、子どもが小学部へ入学し、元気な状態のときには姿勢変換を行わずに、成長期に体の変形や舌根沈下、喘鳴などが見られるようになって、慌てて姿勢変換を始めるということがあります。この場合、子どもは今まで仰臥位しか経験していないため、側臥位や腹臥位を受け入れられないことも少なくありません。パルスオキメーターなどで、生理状態を測定すると、姿勢変換により脈拍が急激に上がってきたり、緊張がとても強くなったりします。そのような失敗をしないように、自分で姿勢変換ができない子どもの場合には、必ず入学してきた時点から、将来を見据えて、いろいろな姿勢に変換し、いつでも姿勢変換を受け入れることができるように習慣をつけておくことが必要です。もちろん、入学時から姿勢変換を継続していくことは、子どもの健康の維持向上にも大きな影響を与えています。入学して、すぐにはいろいろな姿勢を受け入れられない子どももいますが、早い時期から少しずつ姿勢変換を行っていけば、ほとんどの子どもが数年で、さまざまな姿勢を受け入れるようになっていきます。

② 自分で動ける子どもの姿勢への対応

　では、次に自分で動ける子どもの姿勢への対応はどうあればよいのでしょうか。2つのことが考えられます。

（1）座位、立位、歩行などの抗重力位をとらせる

　1つ目は、座位、立位、歩行などの抗重力位をとらせます。

　指導としては、発達段階における上位の姿勢、つまり、今現在子どもが可能な

姿勢の一つ先の姿勢、たとえば、座れる子どもには立位、立位できる子どもには歩行を体験・学習させることが重要です。一方、今の姿勢をさらに安定させる指導も考えられます。つまり、より安定した座位や立位を目指すということです。その安定した座位や立位は、日常生活で活用できる姿勢になるでしょう。一方、獲得した姿勢が不安定な場合には、介助者は、子どもの姿勢を安定させることで手一杯となり、更衣などを介助することができません。日常生活では、不安定な姿勢はあまり生かされない場合が少なくないのです。

　姿勢に関する学習は、「自立活動の時間における指導」に行うことが多いかもしれませんが、補装具（第7章を参照）などを活用することで、学校生活のさまざまな時間に、さまざまな姿勢を子どもに提供していくことが可能となります。たとえば、朝の会の学習には、立位のできない子どもは、立位台を活用して立ってもらいながら参加する。歩行できない子どもには、SRCウォーカー（第7章を参照）を活用して、保健室に健康観察簿を届けてもらう。このように、学校生活の必要性に合わせて、立位台やウォーカーなどを活用し、抗重力位をつくっていくことが大切です。立位では、脚の筋肉や体幹筋などの強化、脚や股関節のストレッチ、股関節の形成、精神機能の向上などが期待できます。このように、抗重力位は、子どもに大きな影響を与えています。立位の姿勢を獲得しそうにない子どもに、立位台を使ってまで立位にさせることは意味がないと考えている人もいますが、先ほど示したように、大きな効果を子どもにもたらしていることは間違いありません。つまり、立位を獲得するための立位ではありません。同じように、歩行を獲得させるための歩行ではないと考えると、補装具などを活用し、立位や歩行を行わせることに納得がいくのではないでしょうか。

　1900年代後半からアメリカでは、MOVEプログラム（**M**obility **O**pportunities **V**ia **E**ducation：教育によって動ける機会を）を導入している地域があります。このプログラムでは、座位・立位・歩行用のMOVE機器を用い、活動を行わせることで、教育活動において、姿勢や動きの獲得を目指しています。機器を活用し、動きや姿勢を獲得できそうになったら、少しずつMOVE機器のアシストを外していくという考え方です。このような考え方は最近注目されてきました。日本でも、姿勢や動きについて、考える時期がきているのかもしれません。

　姿勢は、生活を行っていく基盤であり、立位台やウォーカーはそれを行うツールです。もちろん「自立活動の時間における指導」の中で、姿勢や動作を獲得するために学習することも大切ですが、学校教育全体にこのような抗重力位の姿勢を取り入れていくことがとても重要になります。なぜなら、学習を学ぶ上で必然性のある姿勢をとることは、子どもに学習内容の理解を促進し、抗重力位での心身の発達までも促していくことになります。さらには、毎日の継続した学習として、抗重力位の適切な量を確保することを可能とします。これらの活動は間違い

なく子どもにとって、良好な結果をもたらすことになるはずです。

（2）習慣になっている不適切な姿勢を変える

2つ目は、習慣になっている不適切な姿勢を変えていきます。

子どもによっては、動きがあるといっても、よく見ると同じ動きの繰り返しがほとんどのため、変形や拘縮の可能性を高めている場合があります。このような動きは、適切な動きに変えていく、または止める必要があります。たとえば、左手に麻痺がある人は、右手のみを使いたがります。これが習慣になってしまうと、左手の麻痺はますます強くなっていきます。極端にいうと、左手の麻痺を強めているのは麻痺のない右手といえます。多くの子どもの場合には、このようなことを説明しても理解が難しいので、さりげなく指導していくことが必要です。たとえば、両手を使う動きをさ

写真3-4　立ち直り反応

せる、右手には何か持たせておいて左手を使わせるなどの工夫が必要になります。また、側弯がある場合、凹の方に頭が傾いてくると思います。自力座位が可能な子どもの場合、少しだけ凸の側の座面を上げて傾けるだけで、写真3-4のように立ち直り反応が誘発され、凸のほうに頭を傾けてきます。このように、学校生活の中で普段とらない姿勢や動きを出させていくことが重要です。

姿勢の基本は、図3-3のように、何か活動を行う場合には前傾、安静やリラックスを狙う場合には後傾になります。ときどき、後傾した状態の子どもの腕を引っ張って絵を描かせたりする様子を見ることがありますが、基本は、何か活動する場合には前傾であることを頭に入れておきましょう。子どもの状態にもよります

図3-3　前傾位と後傾位の関係

が、座位保持椅子を活用している子どもであれば、活動のときだけ少し背もたれを起こし、書き終わったら後傾にできないか考えてみることも大切です。

1)	下顎後退（かがくこうたい）	下顎が後退している状態で、原因として重力や緊張、骨の成長異常などがある。
2)	胸郭扁平（きょうかくへんぺい）	胸郭が扁平になっている状態で、原因として重力や呼吸の異常などがある。
3)	褥瘡（じょくそう）	長い時間、皮膚に圧迫を与えることで、ただれたり、傷ができること。床ずれともいう。

引用参考文献

日本小児神経学会社会活動委員会編（2008）医療的ケア研修テスト　クリエイツかもがわ
日本小児神経学会社会活動委員会編（2012）新版医療的ケア研修テスト　クリエイツかもがわ
江草安彦監修（2005）重症心身障害療育マニュアル第2版　医歯薬出版
今川忠男（2000）発達障害児の新しい療育　三輪書店
日本肢体不自由児協会編（2008）はげみ　姿勢その1，No.319
日本肢体不自由児協会編（2013）肢体不自由のある子どもの姿勢づくり
松原豊監訳（1995）M.O.V.E. 4th　MOVEインターナショナル事務局
　　http://www.move-japan.org/
　　https://www.scrio.co.jp/store/categories/wheelchair/recliningwheelchair/9161.html
　　http://www.imasengiken.co.jp/corporate/link.html

第4章

ＡＡＣ
（拡大・代替コミュニケーション）

① AACの導入について

　AACという用語は、特別支援学校現場ではよく聞かれる用語だと思います。1970年にペンシルベニア大学は、コミュニケーションの半分以上は表情や振る舞いなどの非言語的な内容で決定されていると発表しています。つまり、コミュニケーションにとって非言語的な内容がかなりの割合を占めているということになります。この言葉以外で、コミュニケーションを成立させるために使う技法をAACと呼びます。拡大・代替コミュニケーション（Augmentative and Alternative Communication）の頭文字からAACといわれています。このAACについて、アメリカ音声言語聴覚学会（ASHA：American Speech-Language-Hearing Association）は、1989年に、「AACとは表出面に重いコミュニケーション障害（重度音声言語・書字障害）のある人々の機能障害と能力障害の状態を（一時的あるいは永久的に）補償することを目的に行われる臨床の分野」と定義しています。この定義ではわかりにくいのでもっとわかりやすく言い換えると、「言葉を用いた意思伝達が難しい人が、表情、視線、ジェスチャー、サイン、コミュニケーションボードやVOCA（Voice Output Communication Aid：携帯用会話補助装置）などの支援機器を活用し、相手とのコミュニケーションを図る技法のこと」となります。さらに簡単にいうと、言葉以外に、どんな方法でもいいから相手とコミュニケーションを図る方法といえるでしょう。このようなことは昔から行われていました。今改めていうことでもないかもしれません。しかし、意識してAACを行うか、無意識で行うかで、今後、必要に応じて適切なAACの導入ができるか否かに結びついてくると思います。

　話は飛びますが、大学時代に、同級生が急に「パプアニューギニアの奥地にある村に行きたい」と言い出し、現地へ飛び立ちました。何十年も昔のことで、私にはとてもそんな勇気はありませんでした。第一、言葉が通じないのにどうやって、コミュニケーションをとるのか不思議でした。同級生が帰ってきたときに、「言葉は通じたの？」と聞くと、彼は「全然、通じないよ。だって、現地の言葉だからね」と言うので、「えっ、どうやってコミュニケーションをとったの？」と聞いたところ、彼は「必要なものがあると動作や地面に絵を描いたら通じたよ」と言ったのです。「たとえば、お腹がすいたらバナナの絵を描き食べる動作をすると、すぐにとって来てくれるんだよね。みんな親切だったよ」と、そのあとに彼は「言葉なんかなくても、

| 第4章 | AAC（拡大・代替コミュニケーション）

世界中どこでもコミュニケーションは十分図れるよ」と言っていました。そのときは、全く知らない土地に一人で行った彼の勇気とコミュニケーションの手段に感心して終わりましたが、よく考えると彼は当時すでにAACを活用していたことになります。30年以上も前のことです。だから、ASHAでAACが定義される以前に、彼は普通にAACを活用していたということです。というように、昔からAACの考え方はあり、自然に使っていたのです。だから、改めてここで述べることではないのかもしれませんが、重度重複障害児の場合には、音声が出にくかったり動作が難しい場合が多いので、AACの活用はぜひ学んでおきたい内容の一つになります。また、近年、タブレット端末の発展には著しいものがあります。こういう社会情勢を考えると、重度重複障害児の教育にAACを意識して使うことは当然の流れだと考えます。

② AACの活用方法

　AACというと、最初に思い浮かべるのは、ハイテクな機器ではないでしょうか。しかし、文字盤やサイン、ジェスチャーなどもAACに含まれます。また、必ずしもハイテクな機器が優れているとは限りません。ハイテク機器とサインなどのどちらが優れているかは、使う人のニーズや状態像に関係してきます。また、同じ人が場面により使い分けていることも少なくありません。最初に、AACの基礎として道具を全く使わない方法を紹介します。

（1）ノンテクコミュニケーション

　ノンテクコミュニケーションとは、まったく道具を使わないコミュニケーション方法のことをいいます。原始的な方法のように感じるかもしれませんが、この方法でコミュニケーションを行えればわざわざ機器を設定する必要がありません。つまり、機器を持たなくても、いつでもどこでもできるというメリットがあります。

① はい、いいえで答えられる質問をする

　ノンテクコミュニケーションで、相手の要求を聞く場合によく用いられる方法です。この方法はこちらの質問を理解できる認知能力と意図的に動かせる体の部位があれば可能となります。対象の子どもを意図的にまばたきができる子どもということにしましょう。よく「これを食べる？食べない？」などと質問している様子を見かけますが、これでは子どもは答えようがありません。質問の仕方として「今から、質問します。"はい"のときだけ、まばたきしてください。野菜を食べますか？」、しばらくして「肉を食べますか？」というように順番に質問し

103

ていきます。まばたきした質問の内容が"はい"ということになります。質問は一つずつ行い、その子どもの意図がわかってから次の質問に移ります。脳性麻痺のアテトーゼ型の子どもなどにはよく使われる方法です。

② **動作やサイン、表情**

重度重複障害児でも、動作や表情が全く見られないという子どもはそこまで多くないのではないでしょうか。子どもの実態によりこの方法を活用する場合もあります。活用方法は「はい」「いいえ」「いや」「水を飲みたい」「オシッコしたい」などの日常生活で頻繁に行われる行為を、誰でもわかる動作やサインに変換します。複雑な動作やサインに決めてしまうと、特定の人にしか伝わらない場合が多くなり、活用が不便になります。動作やサインは、誰でもわかるシンプルなものにしていくことが重要です。

一方、表情については、子どもが意図的に表情をつくるということはなかなか難しいかもしれません。どちらかというと、教師側が子どもの表情を推察し、子どもの気持ちを代弁するような形がほとんどです。日常、教師は子どもの表情をコミュニケーションの発信として捉えています。たとえば、子どもが笑えば楽しい活動、泣くと嫌な活動、表情がなくなると発作かなと教師は捉え、子どもに接しています。おそらく最も重要でよく活用されているコミュニケーション手段だと思います。

③ **口型を活用する**

子どもの場合にはほとんど見られないと思いますが、成人ではしゃべっていた人が気管切開などを行った場合にはよく使われる方法です。簡単な単語なら口型で通じます。たとえば、「いや」や「痛い」などの簡単な言葉は活用しやすいと思います。

(2) ローテクコミュニケーション

ローテクコミュニケーションエイドは、電子的なものではなく身近な材料で作成できるもので、50音の書かれた文字盤、シンボルを使ったコミュニケーション用のボード、コミュニケーション用のブックなどがあります。ハイテクと比較すると、何となくローテクというイメージはよくないかもしれません。しかし、この方法でうまくコミュニケーションが図れるなら、わざわざハイテクな機器を持ち込む必要はありませんし、高価な機器を購入する必要もありません。ローテクのよさは価格が安くてすむ、電源がいらない、比較的小さくどこにでも持っていける、自作できるので子どもの実態に合わせて作成できる、などがあります。絵、

写真、イラスト、シンボル、文字などを活用するやり方が、学校現場ではよく行われています。絵と写真やイラストはほとんど同じではないかと思っている人もいるかもしれませんが、いくらかの違いがあります。まず、イラストは、絵と比較するとかなり省略され、特徴だけを中心に強調して描いてあります。つまり、余計なものが一切ないため、描かれているものだけに注目することができます。このため、イラストのバックは白か黒になっているのが普通で、図と地の弁別がわかりやすいという長所があります。短所は、簡単そうですが誰でもすぐに描けるかというと、意外と難しくて簡単には描けないところです。また、イラストは実物と比較すると全く別のものと思われるほど省略して描いてあり、イラストが何を示すのか理解できない子どもも少なくありません。

次に絵を使う場合です。絵はイラストよりリアルなために、示すものが何であるかわかりやすいのが一般的です。しかし、子どもによっては複雑に描いてあるために、どこに注目していいのかわからなくなることもあります。また、絵心がないと描くのが難しい、描くのに時間がかかるなどが短所です。

次に、写真ですが、一番学校現場では活用されていると思います。まず、写真なので、絵を全く描けない人でも作成が可能です。光沢があったり、色彩が鮮やかなので、好きな子どもも少なくありません。短所として、写真では、何を中心に撮っているのかわからない場合もあります。つまり、図と地の弁別がはっきりせず、とくに、子どもは図ではなく、地のほうに興味がいっている場合も少なくありません。また、イラストや絵と違って特徴を強調して撮影することは難しくなります。

どの方法も、一長一短ありますが、子どもの理解度や興味関心のあるものに合わせて作成することが大切です。

(3) ハイテクコミュニケーション

パソコンやタブレットなどのハイテクノロジーを用いる方法で、学校では押すと音声が出るビッグマックなどがよく活用されていると思います。特に、ビッグマックやトーキングエイドなどの音声出力機能を備えた機器をVOCAといいます。ハイテクコミュニケーションの長所は、ローテクコミュニケーションと比較して、子ども自身が発信しやすい。発信した内容をデータとして残すことができ、さらにその内容を自分自身にフィードバックすることも可能です。また、方法を工夫するとテレビ

やエアコンなどの家電製品も操作が可能になることなどが考えられます。

　もちろん短所もあります。使いこなすのにはかなりの練習が必要なこと、機器が高価なこと、電源が必要なこと、機器が比較的大きく持ち運びするのが大変なことなどが挙げられます。現在、ICT分野は急速に成長しています。それに伴い、ハイテクコミュニケーションエイドの進歩も著しく、以前できなかったことも可能になってきている場合が少なくありません。担当の子どもの実態から、どのようなハイテクコミュニケーションエイドがあれば、子どもの生活を豊かにできるかを常に捉えておくことが重要です。この分野には、とても長けている人が各県に数名はいると思います。情報機器等が苦手な場合は、その人たちと密な連携を図りながら、今担当している子どもの、どのような困難をどのような機器の活用で解決できるか、常に頭に思い描いて、相談していくことが大切です。

　もちろん、ハイテクコミュニケーションエイドが最もすぐれているというわけではありません。3つのテクノロジーを子どもによって、または場面によって使い分け、子どものコミュニケーション能力を最大限に伸ばしていくことが最も大切であることは言うまでもありません。

（4）AACを活用した実践事例

　以下に、以前勤務していた特別支援学校でのAACを活用した事例を紹介します。この事例は、個々の子どもの実態に応じて適切な入力スイッチを活用することで、パソコンやタブレット端末の効果的な活用を可能とした事例になります。

1．実施期間
　実施時間はそれぞれの子どもの時間割を基に、主に「自立活動の時間における指導」を中心としながら、学校の教育活動全体を通して行ってきた。しかし、障害が重度な子どもたちなので、入院や欠席等が多く十分な指導ができない子どもも見られた。

2．対象者および実態
　対象児は、本校在籍の小学部1年生から、中学部2年生までの7名の子どもであり、表1に示したような実態になる。

表1　対象児の実態

対象児	学年	疾病	GMFCSレベル	遠城寺式乳幼児分析的発達検査						
				移動運動	手の運動	基本的習慣	対人関係	発　語	言語理解	実施時期
A	小3	脳性麻痺	V	0.3～0.4	0.0～0.1	0.6～0.7	0.6～0.7	0.5～0.6	0.6～0.7	H24.6
B	小4	脳性麻痺	V	－	－	－	－	－	－	未実施
C	小3	脳性麻痺	V	0.3～0.4	0.0	0.0	0.2～0.3	0.3～0.4	0.4～0.5	H24.7
D	小4	脳性麻痺	V	0.4～0.5	0.4～0.5	0.4～0.5	0.10～0.11	0.0	0.10～0.11	H24.7

E	小1	不　明	V	0.0	0.1～0.2	0.5～0.6	3.8～4.0	4.8～	4.8～	H27.5
F	小3	脳性麻痺	V	0.5～0.6	0.5～0.6	0.4～0.5	3.4～3.8	3.4～3.8	4.8～	H24.7
G	中2	脳性麻痺	V	0.1～0.2	0.1～0.2	0.5～0.6	0.6～0.7	0.5～0.6	0.4～0.5	H26.3

　この表からわかるように、対象児はいずれも寝たきりで、移動手段を持たない障害の重度な子どもである。また、手の動きに関しても、発達段階が6ヶ月以内であり、タブレット端末への直接入力や、パソコンのマウスの活用が難しいことがわかる。

3．実施内容
①　各対象児に応じた指導
A児：本児は、日常、仰臥位や座位保持椅子で過ごしているが、粗大な動きは持っていて、寝返りも見られる。認知面では歌遊び等での期待反応や教師との三項関係もある程度成り立っている様子が見られる。これらのことを考慮すると、検査結果よりもおそらく知的な能力が高いのではないかと推察された。しかし、持っている粗大な動きは、アテトーゼ型の脳性麻痺のため、不随意的な動きも強く、意図的に行えているわけではない。しかし、追視や注視がきちんとできることや眼振が見られないことから、眼球は意図して動かしていると推測できる。随意的な目の動きや期待反応などの認知面を考慮すると、将来的には、視線入力型意思伝達装置である「マイトビー」等の導入も視野に入れることも可能であると考えた。そこで、視線や瞬きを入力源にできる「光ファイバースイッチ」からの入力で、自作の教材を動かして学習に取り組んだ。具体的には、「光ファイバースイッチ」をめがねに装着し、マウスを改造した自作の「マウススイッチ」と接続させ、「絵本作成ソフト」で作成した自作教材をパソコン画面上で動かした。本児の場合、ディスプレイの大きいパソコンの方がタブレット端末より喜びが大きかったために、パソコンの活用となった。

B児：本児は、常に人工呼吸器を装着し仰臥位で過ごしている。身体の粗大な動きは見られない。しかし、指には微細な動きが見られこの動きを活用し、入力スイッチへの入力を行った。スイッチとしては「ピンタッチスイッチ」を活用し、このスイッチを、「iPadタッチャー」につなぎ、「iPad」を操作した。活用しているアプリは「これなぁに」、「タッチカード」、「あそベビー」などである。

C児：本児は、日常、仰臥位か座位保持椅子で過ごしており、寝返りは難しい。動きとして意図的かどうかはっきりしないが、上肢の動きが見られる。本児の場合には、この上肢の動きを活用するために、入力スイッチとして自作の「全方向スイッチ」を用いた。このスイッチをマウスを改造した自作の「マウススイッチ」につなぎ、「絵本作成ソフト」で作成した自作教材をパソコン画面上で動かしている。本児もディスプレイの大きいパソコンのほうが反応がよかったため、パソコンの活用になった。

D児：本児は、日常、仰臥位か座位保持椅子で過ごしており寝返りは難しい。動きは肘関節の屈曲伸展の動きを持っている。そのため、ひもを付けた輪っかを本児の手に装着することで、ひもを伸ばしたり縮めたりすることができる。その動きを活用し自作の「引っ張りスイッチ」の利用が可能となった。上肢の動きとともに下肢の動きも見られ、前腕の動きが筋緊張からくるものなのか、意図的であるのかははっきりとしない。この「引っ張りスイッチ」に、マウスを改造した自作の「マウススイッチ」をつなぎ、「絵本作成ソフト」で作成した自作教材をパソコン画面上で動かしている。本児は音楽で笑顔が見ら

れることも多いことから、自作教材として好きな音楽に絵を合わせたものにした。ディスプレイの大きいパソコンのほうが、本児の反応がよかったため、パソコンの活用になった。

E児：本児は、常に仰臥位かストレッチャーで過ごしている。頸椎の障害のため寝返り等はできないが、手首や上肢の意図的な動きはある程度可能である。しかし、指先の動きは難しい。また、本児の場合、頸椎の障害のためどうしても姿勢を変換することが困難である。そこで、本児が見やすい角度に「iPad」を提示するために、入力装置固定具である「i デバイスアジャスタブルユニバーサルアームタイプ」を活用した。また、本児は入院生活が長く今までの学習空白が大きい。そこで、まずは学習意欲の高揚を図っていくために、本児の好きな「戦隊パック（レンジャーシリーズ）」の歌が入っているアプリ「太鼓の達人」を活用した。その効果は大きく、今まで伸ばすことが難しかった位置にまで、左手を伸ばすことが可能となった。そのことで、手で直接「iPad」を操作することもできるようになった。しかし、「太鼓の達人」のアプリの場合、曲に合わせて、素早くタップする必要がある。本児の場合、仰臥位で体幹に近い箇所に上肢を持ってくると、手首の背屈と掌屈の素早い動きが見られることがわかっている。そこで、右手が最も動かしやすい場所に、もう一台の「i デバイスアジャスタブルユニバーサルアームタイプ」を使い「ポイントタッチスイッチ」を設定した。そのことで本児の素早い動きの入力を可能とし、「太鼓の達人」のアプリが使用できるようになった。この「ポイントタッチスイッチ」を「iPad タッチャー」につなげ、「iPad」を操作している。

F児：本児は、日常、仰臥位か座位保持椅子で過ごしており、アテトーゼ型の脳性麻痺の疾患である。本児の場合、不随意的な動きがとても強く、意図的に行動を行おうとすればするほど筋緊張が高くなり、動きが目的行動から逸脱してしまう。筋緊張は、時間や環境で大きく変容し、それとともに、身体を随意的に動かしやすい姿勢も変化していく。一方、頭部の動きに関しては、ネックロールである程度の固定が可能だったため、「i デバイスアジャスタブルユニバーサルアームタイプ」で、本児の見やすいところに「iPad」を設置した。一方、本児が随意的に手を動かせる場所に、もう一台の「i デバイスアジャスタブルユニバーサルアームタイプ」を用いてビッグスイッチを設定した。しかし、一時間の学習の中で筋緊張の変容とともに、意図的に動かせる部位も変化する。このため、学習の間、ビッグスイッチの位置を変えながら、本児の意図的な動きを拾っている。本児の場合、スイッチの位置を変えていかなければならないため、有線の「iPad タッチャー」を活用するよりも、入力スイッチを利用して、「iPad」の iOS を操作できる Bluetooth スイッチインターフェイスである「でき iPad」を使い、「iPad」を動かしている。（「でき iPad」の活用については、菊野病院の ST である池上氏のご指導をいただいている。）

G児：本児は、日常、仰臥位か座位保持椅子で過ごしており、脳性麻痺の低緊張型である。動きとしては前腕の動きが可能である。本児は、現在中学部 3 年に在学しているが、スイッチの活用は小学部在籍時より朝の会と帰りの会で行ってきた。方法としては、ビッグスイッチを活用しながら CD ラジカセを動かし朝の会や帰りの会の進行をしている。この活動の長い期間の継続により、スイッチ入力と音声の因果関係を理解している様子が見られる。そこで、今回は「iPad」の音楽アプリである「iMusic」を活用し、本児の大好きな音楽動画を入力スイッチで再生や停止する活動を試みた。「iMusic」の再生アイコンに「iPad タッチャー」を取り付け、その「iPad タッチャー」にいつも活用している「ビッグスイッチ」を接続している。

| 第4章 | ＡＡＣ（拡大・代替コミュニケーション）

② 各対象児に応じた指導のまとめ

表2に、各対象児に用いた、ハード機器、入力スイッチ、スイッチインターフェイス、ソフトおよびアプリをまとめた。

表2 活用したハード機器、入力スイッチ、スイッチインターフェイス機器、活用ソフトおよびアプリ

対象児	ハード機器	入力スイッチ	スイッチインターフェイス機器	活用ソフト・アプリ
A	パソコン	光ファイバースイッチ	マウススイッチ	絵本作成ソフトによる自作教材
B	タブレット（iPad mini）	ピンタッチスイッチ	iPad タッチャー	これなぁにタッチカードあそベビー
C	パソコン	全方向スイッチ	マウススイッチ	あそベビーこれなぁに
D	パソコン	引っ張りスイッチ	マウススイッチ	絵本作成ソフトによる自作教材
E	タブレット（iPad）	ポイントタッチスイッチ	iPad タッチャー	太鼓の達人（iPad）
F	タブレット（iPad）	ビッグスイッチ	でき iPad	あそベビー
G	タブレット（iPad）	ビッグスイッチ	iPad タッチャー	iMusic

4．結果

この実践研究は、子どもの障害の状態から、直接、パソコンやタブレット端末を動かすことができないため、有効な入力スイッチを活用してパソコンやタブレット端末を作動させることで、個に応じた適切な教育の効果を図ることであった。

結果として、入力スイッチの入力に関しては、「ピンタッチスイッチ」、「全方向スイッチ」、「光ファイバースイッチ」、「ビッグスイッチ」などの活用で、上肢に重度な障害を有する子どもでも、パソコンやタブレット端末の入力はほぼ可能であるということがわかった。

図1が、入力スイッチ、スイッチインターフェイスと活用の様子になる。

対象児	入力スイッチ	スイッチインターフェイス	活用の様子
A	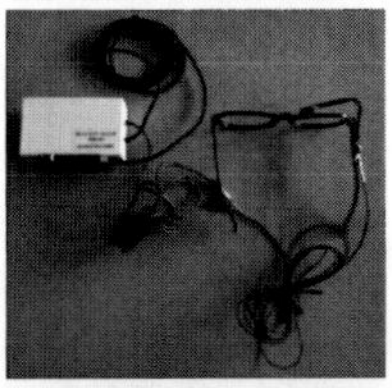		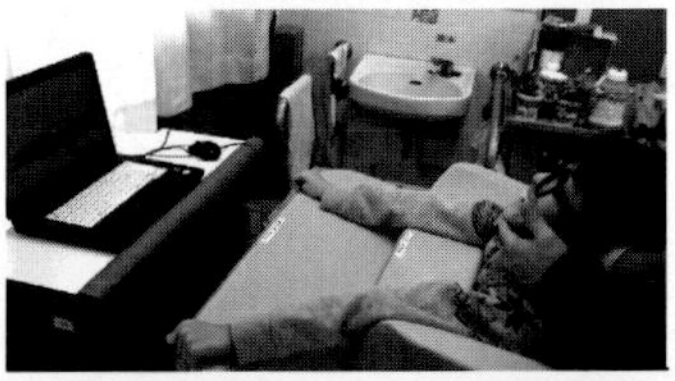
B	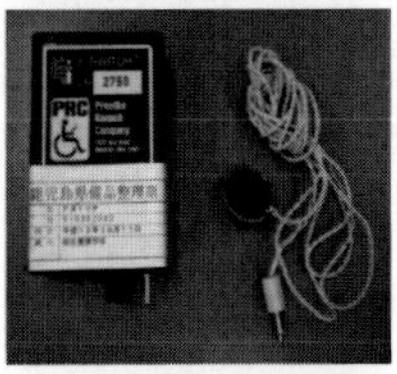	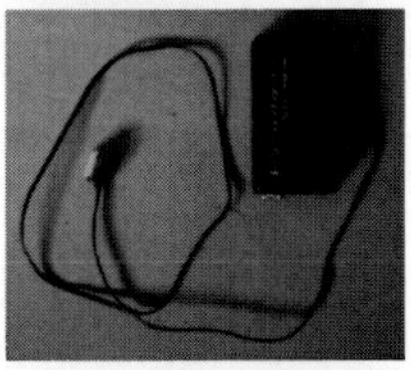	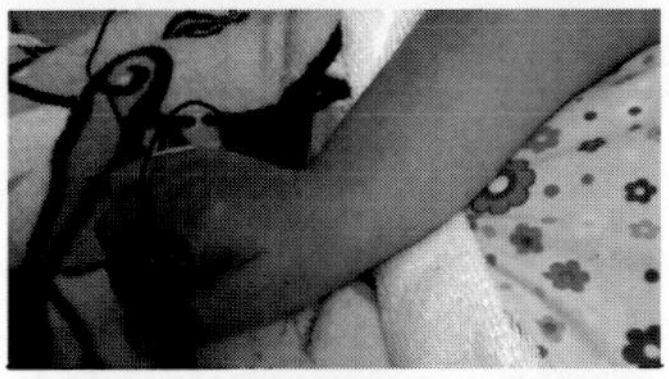
C	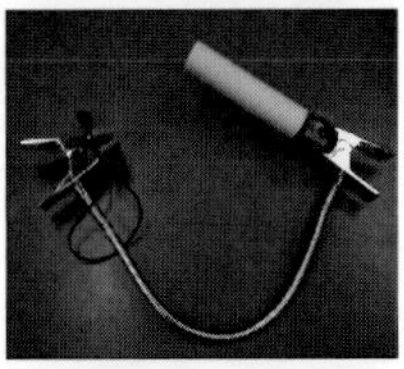		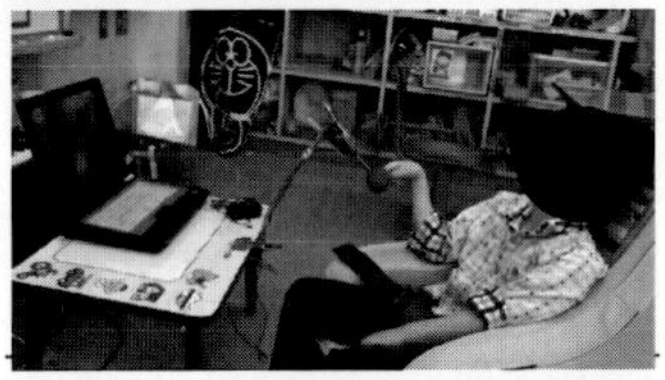
D	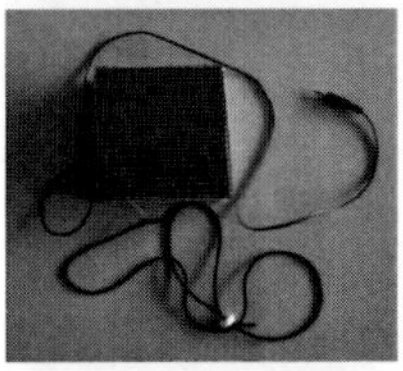		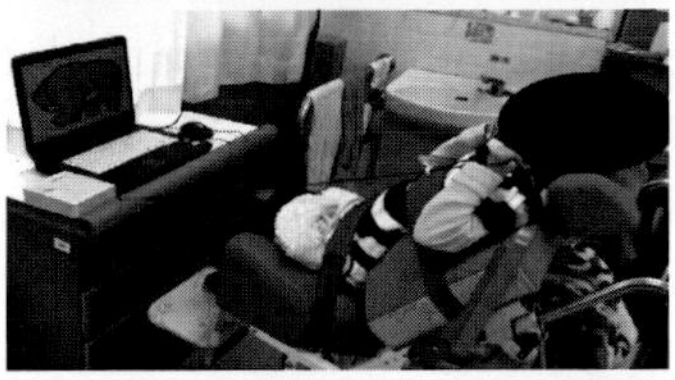
E	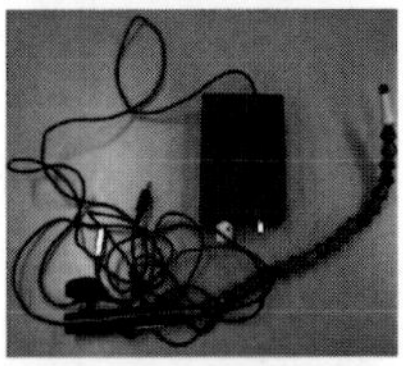	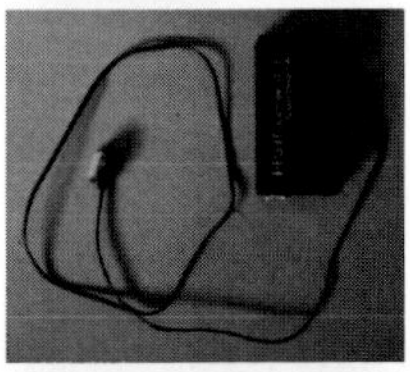	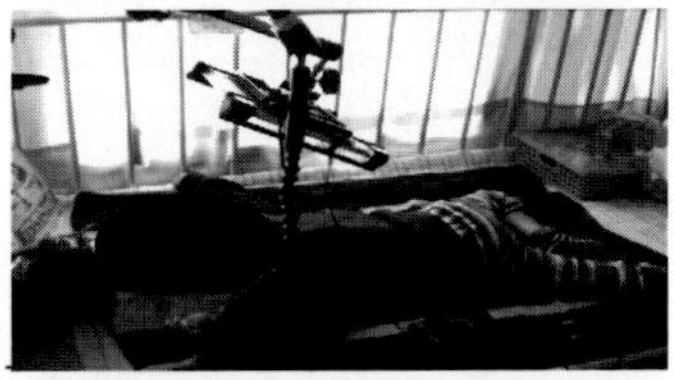
F		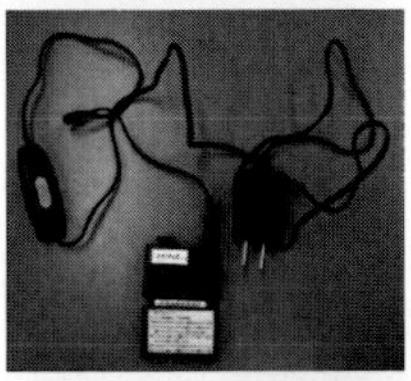	
G		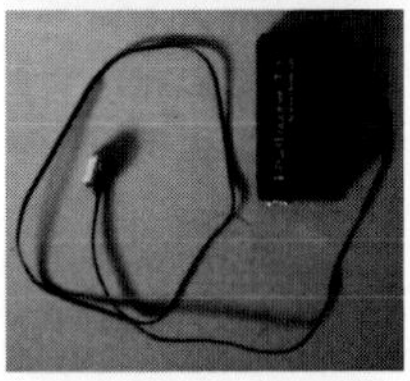	

図1　入力スイッチ、スイッチインターフェイスおよび活用の様子

5．考察

今回の実践研究では、大きく二通りの考え方でパソコンやタブレット端末を活用している。

① 子どもたちが意図してパソコンやタブレット端末を活用している場合である。この場合には、障害の状態から「iPad」への直接の入力ができないことを効果的な入力スイッチで補っている。このときには、子どもの意図的な動きが可能である身体部位を考慮に入れ、適切な入力スイッチを用いることで、効果的な教育が可能となった。

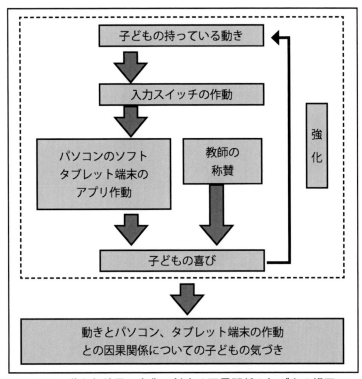

図2　動きと外界の変化に対する因果関係の気づきの構図

② 子どもの持っている動きを活用し、入力スイッチを作動させる。その結果として、パソコンやタブレット端末が動き、その変化と子ども自身の動きとの因果関係を気づかせていく教育である。この場合、多くは障害の重度な子どもで、教師側は子どもの動きが意図的なのかどうか、しっかりとは把握できていない。子どもの動きを「ピンタッチスイッチ」「光ファイバースイッチ」「全方向スイッチ」「引っ張りスイッチ」でとらえ、その動きに対する外界の変化をパソコン、タブレット端末で提示する。そのことの繰り返しで、図2のような関係が形成できると考えた。

図2のような気づきが完成された後には、教師がこの流れに入り、子どもとの三項関係を築いていくことで、コミュニケーションの基盤を作っていくことがねらいとなる。このような因果関係の気づきには、長い年月をかけた繰り返しの学習が必要になってくる。実際、G児は毎日の朝の会や帰りの会の進行（写真1）を、入力スイッチを活用して数年間取り組んできたことで、「入力スイッチ作動→CDラジカセ作動→会の進行→教師の称賛」の因果関係に気づいてきたと考えられる。

このような考え方は、以前からシンプルテクノロジーを用いて、おもちゃに入力スイッチをつなぐことで行っていた場合が多い。この方法は「入力スイッチ作動→興味関心のあるおもちゃが動く」の因果関係に気づくという流れを構築するものであった。しかし、おもちゃは生活の中で活用しにくいという短所があり、毎日の継続的な実践が難しい面が見られた。今回のパソコンやタブレット端末を使った実践では、今現在は子どもの興味関心が高いと思われるソフトやアプリを活用しているために、生活の中では活用しにくく、以前のおもちゃを活用した取り組みと大きな差異はない。しかし、パソコンやタブレット端末の場合には、「入力→外界の変化」の因果関係に対する気づきが確立すれば、ソフトやアプリを変えていくことで、会の進行などの生活の流れさらに意思伝達のツールとして活用していけるメリットがある。

6．まとめと課題

　今回の事例は、意図的な動きでスイッチを押そうとしているE児やF児とコミュニケーションの基盤作りとして活用しているA、B、C、D児の場合とを分けて考える必要がある。

　意図的な動きにより入力スイッチを活用したE児やF児の場合には、今の入力スイッチをうまく活用できるかどうかが課題ではなく、将来の機器に対応していく柔軟性の育成が必要であると考える。そのためには、子どものころから、パソコンやタブレット端末がとても便利なもので、活用することで生活が豊かになるということを認識させることが最も大切な目標になる。

　一方、A、B、C、D児の場合には、コミュニケーションの基盤作りとして、この実践を行った。「iPad」の場合は豊富なアプリがあり、それぞれの子どもにより適したアプリを活用することで、入力スイッチと外界（パソコン、タブレット端末、教師の称賛）の変化の因果関係を構築することも可能かもしれない。しかし、課題として障害の重度な子どもの場合、入力スイッチで入力した後の外界の変化が子どもにとって好ましい変化なのかどうかを判断する材料が少ないことも事実である。笑顔や身体の動きなどの明確な意思表示があればよいが、判断の難しい子どもも少なくない。このため、外界の変化が実は子どもたちには、あまり好ましいものではない場合もあるかもしれない。とても好ましい結果であれば、最初はスイッチを入力する動きが意図的でなくても次第に気づきが始まり、最終的には意図して入力スイッチを動かし始めることが期待できる。しかし、あまり好ましい結果でなければ、いつまで経っても、入力からの気づきは確立しない可能性が高い。

　この課題はこの実践研究に限ったものではなく、現在、重度化した子どもたちを教育していく特別支援教育の最も大きな課題の一つである。このことを解決できる一つの方法として、今後はリアルタイムで脳の血流量を測れる近赤外分光法の活用や脳波計の教育現場への導入が検討される時代に入ってきていると思う。

　（実態や写真の掲載に関しては、本人および保護者の承諾を得ています）

　（入力スイッチ、スイッチインターフェイス、入力装置固定具については、公益財団法人ちゅうでん教育振興財団の「第14回ちゅうでん教育振興助成金」で購入しました）

写真1　ビッグスイッチを活用した帰りの会での様子

| 第4章 | AAC（拡大・代替コミュニケーション）

　AACのまとめとして、パソコン、タブレット端末の業界はますます発展していくことは疑う余地もないことです。それに伴って、ALSなどの疾病を有する成人向けの有効な入力スイッチが登場してくることは間違いありません。しかも、以前と比較すると機器の性能が驚くほど向上しています。私自身、学会で視線入力のマイトビーの感度のよさにびっくりさせられました。しかし、大切なことはまず子どもの実態ありきであり、機器ありきではないということです。ハイテクな機器を活用して子どもを成長させるのではなく、子どもを成長させたり、子どもの生活を豊かにするためのAAC機器の活用だということを忘れてはいけません。

　そういう意味から、AACを活用したかったら、各地区の秀でた人材へお願いすることが、最も効率のよい方法になると思います。

引用参考文献
金森克浩監修　全国特別支援学校知的障害教育校長会編著（2016）知的障害児特別支援学校のICTを活用した
　授業づくり　ジアース教育新社
金森克浩編著（2010）特別支援教育におけるATを活用したコミュニケーション支援　ジアース教育新社

第5章

水泳指導

① 重度重複障害児の水泳指導

　もしかすると、肢体不自由の特別支援学校では水泳指導を実施していない学校もあるかもしれません。実施している学校では、一年中を通して行っているところと夏場の一定期間のみに限定して実施しているところに分けられると思います。後者の場合には、水泳指導の目標がはっきりせずに、何となく子どもが水に慣れ親しむ経験や水中での楽しい経験ができればいいという内容になっている学校も多いのではないでしょうか。また、重度重複障害児の水泳指導に関する書籍はそれほど多くは出版されていません。このことと限定された実施期間が、先生方の水泳指導に対する専門性の向上を難しくさせているかもしれません。このため、自立活動や摂食指導と比較し、重度重複障害児の水泳指導がしっかりとできる先生方が少ないように感じます。しかし、水泳指導には、大きな予算がかかる上に危険性も伴います。実施するからには、しっかりとした目標を掲げ、効果的な学習内容を実施したいものです。

　一年を通して水泳指導を実施している場合と夏場の数回実施の水泳指導とでは、必然的に目標は変わってきます。一年を通して行っている肢体不自由の特別支援学校では、指導方法として、イギリスで開発されたハロウィック法と、わが国で覚張氏が推進している発達学的水泳療法の、２つが中心になっていると思います。しかし、ハロウィック法は「一人で泳ぐことができるようになること」が目標で、「一定レベルの知的能力が必要」ということから、重度重複障害児の水泳指導に取り入れることは難しいと考えます。そこで、ここでは覚張氏の進めている発達学的水泳療法の考え方を中心に、夏場の数回実施の水泳指導の在り方を述べていきます。

　当たり前のことですが、水泳指導は子どもの体を水中に置くことで学習効果をねらう指導になります。つまり、大気ではない水の特性を活用していくことで、さまざまな効果をねらう学習です。そのため、水の特性と水中での生理学的な変化をきちんと理解しておくことが、子どもに応じた適切な水泳指導の目標設定を行うには不可欠です。

❷ 水の特性

(1) 浮力について

　水の特性としてまず頭に浮かぶのは浮力ではないでしょうか。浮力とは何だったでしょうか。水中の物体はその物体が押しのけている水の重さと同じ大きさで浮力を受けています。これをアルキメデスの原理といいます。浮力は物体がおしのけた水の重さに等しくなるので、水中の体積が大きいほど大きくなります。そのため、体をたくさん水の中に沈めると、浮力は大きく体に

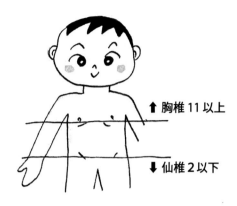

図 5-1　水深の影響

作用することになり、この力が大きく水泳指導には影響してきます。具体的には、図の5-1のように、「胸椎11以上の深さであれば浮力優位で、頸部の動きが体のバランスをコントロールし、仙椎2以下の深さであると重力優位で、股関節の動きがバランスをコントロールする」と、覚張氏の『発達障害児の水泳療法と指導の実際』に記載されています。また、水深ごとの荷重負荷（体重にかかる重さ）の割合は、膝まで浸かると90％、へそまでの場合には40〜50％、腋の下になると30％、頭まで浸かるとほぼ10％近くになるといわれています。つまり、水深が深ければ深いほど子どもは軽くなり、教師は子どもの操作をしやすくなります。しかし、それとともに自分の体も不安定になることを忘れないようにしてください。

(2) 水圧について

　次に水の特性として、水圧があります。水中に物質があれば、その物質の上にある水は物質を押しています。この力を水圧といいます。ということは、浅いところに物質がある場合には押す力は小さく、深いところにあればその物質を押す水の量は多くなり、水圧は大きくなることになります。このことは、水中で立位を行うと、足先には大きな水圧がかかり、静脈還流（全身の静脈循環から大静脈などを経由し、心臓へ戻る血液）が促され、末梢の循環がよくなります。また、水圧は呼気時に肺の収縮を促すように作用します。つまり、陸上にいるときより、呼気は加速されることになります。

(3) 水の抵抗について

　水のもう一つの大切な特性として水の抵抗があります。水中で速く動こうとすればするほど抵抗力が増加します。つまり、速く動く動作がなかなか難しいとい

うことです。これは、プールの中を速く走ろうとしても走れないことから、体感していると思います。

　この水の抵抗を使うことで、有効な動作を促すことが可能になります。

　これらの3つの物理的な水の特性を理解しておいてください。

③ 水中での体の生理学的な変化と注意事項

（1）水温と室温

　水泳指導には、どのくらいの水温が適切なのでしょうか。水中で暑くもなく冷たくもない温度を心理的不感温度といいます。この心理的不感温度は、人により多少の差があります。一方、生理的不感温度というものもあり、これは水に浸かっていて

も、脈拍や血圧等のバイタルサインに変化がない温度をいいます。これは34℃～36℃といわれています。これらのことを総合して、緊張が過剰に強くなることなどをコントロールしていく理想的な水温は、大体31℃～32℃程度とされています。

　では、室温はどのくらいがいいのでしょうか。実は水温と同じくらいか、1、2℃高めがいいとされています。なぜでしょうか。お風呂から上がったときに、寒く感じる経験をしたことがあると思います。汗をかいたときもゾッとしたりします。この現象は、体の表面から熱を奪われるために起こります。つまり、皮膚からの水分蒸発によって、体から気化熱が奪われ、熱放散が行われるために体温が下がります。特に、重度重複障害児は体温調整がうまくいかない場合が多いので、気をつける必要があります。しかし、プールに暖房システムの整っている学校は少ないと思います。まず、プールから上がったら、すぐに熱いシャワーを浴びて、手早く着替えることが必要です。心配な場合には、更衣室だけはストーブ等で暖めることも一つの方法です。夏のプールサイドは暑いので、見学者が更衣室の窓を開けたりする様子をたまに見かけることがありますが、風が入ってくるのでプールから出た子どもの体温は急激に奪われることになります。

（2）塩素濃度

　適切な塩素濃度は決まっていて、0.4～1.0（mg／ℓ）ppmといわれています。0.4未満だと、細菌が死滅しないということはわかりますが、1.0を超えるとなぜいけないのでしょうか。これは、塩素が濃すぎて、肌や目に悪影響を与えるからです。

もう一つの大きな理由は、重度重複障害児の場合には、プールの水を誤嚥する危険性も少なくないからです。

(3) 学習時間

学習時間は、障害の状態や水温、学習の内容等で変わってきますが、長くても40～50分を超えないようにしましょう。また、学習の時間帯としては、午後からでもかまいませんが、食後1時間はなるべく避けましょう。これは、水圧が腹部にかかることで、嘔吐する可能性が出てくるためです。

(4) 衛生管理

入水前は、シャワーで体全体をしっかり洗い清潔にして、すぐに入水するようにします。シャワーを浴びた子どもがマットの上で、他の子どもを待っている姿を見ることがありますが、シャワーを浴びたらすぐに入水することが大切です。これは、先ほど述べた熱放散のためです。プールサイドは、水切りをまめに行い、転倒等の事故がないように気をつけることは当然です。また、更衣室は常に乾燥状態を維持し、衛生状態を保つ必要があります。帽子は着用しなければいけませんが、子どもによってはどうしてもかぶれない子どももいます。その場合には、頭部が水に浸からないように気をつけて、かぶることを無理強いしないようにしましょう。また、教師のゴーグルが怖い印象を与えて、怖がる子どももいるので要注意です。

(5) その他の注意事項

水分補給は意外と忘れがちなので気をつけましょう。水泳指導でのどが渇いた経験がありませんか。子どもは大人と比較し、体重に対して多くの水分の補給が必要です。必ず、こまめな水分補給を忘れないようにしてください。もちろん、水泳学習の前の健康チェックは入念に行わなければなりません。特に、子どもが熱ぽい場合には、防御反応（無意識に体を守るような生理的反応）が起こり発熱することがあるので要注意です。腋窩（わきの下）の体温を測る場合には、水泳学習が終わり着替えた後、もとの体温に戻る

までに、かなりの時間がかかることを忘れてはいけません。少なくとも 40 分程度はかかることを理解しておく必要があります。また、当日の便通を確認し、しばらく排便がない場合には、前日浣腸等で排便をお願いすることも必要かもしれません。また、てんかん発作[1] を持っている子どもの場合には、その発作はどのような発作なのか事前に調べておくことが重要です。もしプール内で発作が起こった場合には、どのような連携で緊急時の対応を行うのか、模擬訓練をしておくことも不可欠です。

④ 学習内容・指導方法

水泳指導の目標は、一般的には、覚張氏が述べている表 5-1 のような内容になると思います。しかし、これは、一年間継続して行った場合の目標であり、私の前任校のように、夏季限定で年数回実施の水泳指導では達成できない場合も少なくありません。

表 5-1　発達学的水泳療法の効果

① 筋肉のスパズム（不随意の筋収縮）の軽減とリラクセーションの獲得
② 関節可動域の保持、拡大
③ 筋力強化と筋持久力の増強
④ 麻痺筋の再教育
⑤ 循環能力の改善
⑥ バランスと協調性の保持、拡大
⑦ 運動を行う勇気と自信の獲得およびそれに伴う意欲の向上

では、子ども一人に対して年数回の水泳指導ではどのような目標が設定できるのでしょうか。十数年の学校現場での実践から、表 5-2 の内容の目標が設定可能であることがわかりました。この目標すべてを一人の子どもが達成できるということではなく、子どものさまざまな実態により、これらの目標のどれか、またはいくつかをねらえるということになります。

表 5-2　短期間実施での水泳指導の目標

① 陸上で難しい抗重力位（立位、歩行等）の経験
② 立位、歩行、浮く等の動作でのバランスと協調性の拡大
③ 筋緊張の軽減とリラクセーションの経験
④ 運動を行う勇気と自信の獲得およびそれに伴う意欲の向上
⑤ 関節可動域の保持拡大および身体の変形拘縮の予防
⑥ 除重力下において、日常生活に有効な動作の経験および獲得

120

表5-2の①～⑤については、覚張氏が述べている発達学的水泳療法のねらいを一部変更したものになります。さらに、夏季限定（以前の勤務校では子ども一人あたり約3回の実施）の水泳指導で可能な目標として、⑥の目標も可能な場合があることがわかりました。

それでは、これらの目標に対する学習内容と指導方法および結果について説明していきます。

（1）「陸上で難しい抗重力位（立位、歩行等）の経験」に対する指導

表5-2の目標①「陸上で難しい抗重力位（立位、歩行等）の経験」に対する指導としては、浮力を有効に活用します。そのためには、水深に対する荷重免荷（体重がかからないこと）の割合を把握した上で、身長やねらう抗重力位を考慮し、適切な水深を子どもに提供していく必要があります。そこで、写真5-1のように、フロアテーブルを活用し、2段階の水深のプールを4段階の水深にし、なるべく多くの子どもに適切な水深を提供しました。陸上での立位の経験が少ない子どもの場合、下肢が浮力に流され、足底をプールの底につけられないことも少なくありません。その場合には写真5-2のようにウエイトを下肢に装着すると、足底をつけることが可能になる子どもが見られました。

写真5-1 フロアテーブルの活用

写真5-2 ウエイトの活用

（2）「立位、歩行、浮く等の動作でのバランスと協調性の拡大」に対する指導

目標②「立位、歩行、浮く等の動作でのバランスと協調性の拡大」に対する指導としては、アームヘルパーや浮き棒を効果的に活用しました。まず、アームヘルパーの特徴はビート板のようにつかむ必要がないため、上肢を活用することが

写真5-3 アームヘルパーでの浮く動作

写真5-4 アームヘルパーでの立位

できます。浮き輪では浮力が強く、子どもは依存してしまい、自分自身で浮く体験を経験できない場合が少なくありません。一方、アームヘルパーは浮力が強くないために、立位、歩行、浮く動作等で活用すると、子どもたちの立ち直り反応や平衡反応を引き出しやすい効果があります（写真5-3、5-4）。また、浮き棒は後頭部や膝裏に置くことで、仰臥位で浮く体験を可能にします。さらに、浮き棒の浮力はそれほど強くないため握りながら歩行させると、身体のバランスを取ろうとする平衡反応を誘発することができます（写真5-5、5-6）。

写真5-5　浮き棒での浮く動作

写真5-6　浮き棒での歩行

（3）「筋緊張の軽減とリラクセーションの経験」に対する指導

目標③「筋緊張の軽減とリラクセーションの経験」に対する指導としては、準備運動にアップダウン、キッキング、背浮き、伏し浮き、スネーキングを取り入れます。図5-2のように、アップダウンは子どもを正面から抱きかかえながら上下の揺れを行うことで、子どもの水に対する恐怖心を取り除き、リラクセーションを図ります。また、図5-3のように、キッキングは、子どもを包み込むことで、全身を屈曲位にし筋緊張を軽減します。伏し浮き（図5-4）と背浮き（図5-5）では、子どもに水を進む感覚を感じてもらいながら、リラクセーションの経験をねらいます。このとき、日常生活の大半を仰臥位で過ごしている子どもは、伏し浮きでは筋緊張が上がりやすく、一方、腹臥位で過ごしている子どもの場合には、背浮きを受け入れにくいということを理解しておくことが重要です。また、陸上で抗重力位（座位、立位、歩行等）が確立している子どもも、背浮きを恐怖のために受け入れない場合が見られます。もちろん、背浮きでリラックスしている子どもはそのまま続けてかまいませんが、嫌がる子どもの場合には、無理に背浮きを行わず、伏し浮きを導入していくことが大切です。背浮きと伏し浮きについては、目標は同じなので、日常

図5-2　アップダウン

図5-3　キッキング

生活を過ごしている姿勢から行うことが、子どもの恐怖心を取り除いていくことになります。

図 5-4　伏し浮き　　　　　　　　　　　　図 5-5　背浮き

（4）「運動を行う勇気と自信の獲得およびそれに伴う意欲の向上」に対する指導

　目標④「運動を行う勇気と自信の獲得およびそれに伴う意欲の向上」に対する指導としては、陸上で難しい歩行、立位、座位、浮く、潜る等の粗大動作を子どもの実態に即して促していきます。これらの運動は日常経験していないため、行うにはかなりの勇気が必要ですが、その分経験できたときには大きな喜びになります。たとえば、写真5-7では、力を抜き自分で浮くことができるようになっています。また、写真5-8は、今まで顔を水につけられなかった子どもが、自分から顔をつけて息を吐きながらバブリングを行っています。浮力をうまく活用していくことで、日常、PCWを活用している子どもや手引き歩行の子どもは自力歩行がねらえます。たとえば、日常歩けない子どもも、写真5-9のように、水の中だと自分で歩行することができました。自力歩行の場合には、子どもの実態に応じて、適切な水深を提供することがとても大切になってきます。これらの成功体験が、子どもの勇気および自信の獲得や意欲の向上につながっていくことは間違いありません。これに教師や保護者の称賛が加わることで、それらをさらに確固たるものにしてくれるはずです。

写真 5-7　浮く動作

写真 5-8　バブリング

写真 5-9　自力歩行

（5）「関節可動域の保持拡大および身体の変形拘縮の予防」に対する指導

　目標⑤「関節可動域の保持拡大および身体の変形拘縮の予防」に対する指導としては、側弯に対する横揺れのスネーキング（図5-6）や実態に応じて縦揺れや八の字の動きを加えると前弯[2]や後弯[3]および胸郭変形に対する予防につながります。写真5-10は、側弯予防のためのスネーキングです。スネーキングは基本的には、脊柱の凹側を大きく開くように、背浮きや伏し浮きの状態で横揺れを行います。この場合に、子どもがリラックスしていないと筋の伸びは期待できません。そのため、子どもがリラックスしやすいのは背浮きなのか伏し浮きなのかを確認し、横揺れを行っていきます。もちろん、側弯だけでなく、前弯や後弯にも、同じ理論で縦揺れを促していくことができます。また、同じスネーキングでも、リラクセーションの獲得を目標にしている場合には、横揺れは子どもたちの可動域を考慮しながらゆっくり行う必要があります。

　このように、一対一対応のときにはいろいろな学習が考えられます。しかし、場合によっては、1人で2

図5-6　スネーキング

写真5-10　スネーキング

写真5-11　ネックフロートの活用

写真5-12　浮き輪の活用

写真5-13　前弯の予防

人を見なければいけない状況があるかもしれません。その場合には、浮力の大きな浮き輪やネックフロートで安全を確保しながら、学習内容を設定していきます。たとえば、写真5-11の子どもは全く頸がすわっていないのですが、ネックフロートを活用することで、浮きながら少しずつ後ろへ進んでいます。また、写真5-12の子どもは肩関節の可動域が狭く、ほとんど腕を挙げることができません。しかし、浮き輪で浮いているだけで、少しずつ腕が挙がってきています。写真5-13の子どもは、後ろへ反る動きが強いのですが、頸にネックフロート、膝に浮き輪を付けることで、後ろへ反る動きが止まっています。このように、浮力の強いネックフロートや浮き輪は、子どもの安全安心をしっかり確保するのには有効なツールとなります。

（6）「除重力下において、日常生活に有効な動作の経験および獲得」に対する指導

目標⑥「除重力下において、日常生活に有効な動作の経験および獲得」に対する指導としては、水中での除重力下の環境を有効に活用していきます。そのことにより、日常生活で子どもが出せなかった動きを引き出したり、子どもへの動きの指導を容易にすることが可能となります。目標①～⑤については、水泳学習が実施されている肢体不自由の特別支援学校では、どこでも設定されている目標だと思います。この⑥の目標についても、実際行われているかもしれませんが、前任校ではこの目標を意図的にねらって水泳指導を実施していました。

写真5-14はわかりにくいかもしれませんが、この子どもはこのとき初めて脚が交互に出てきました。陸上では重力のために、体を支えるだけになっていた脚が、水中の除重力下の環境で脚が流れるように交互に出てきた例です。指導の方法としては、子どもがほとんど重力の影響を受けないような水深で、ゆっくりと押すまたは引いてあげると、交互に脚が流れるように出てきます。この水深はとても重要で、深すぎると脚が浮力に負けて浮いてしまい、逆に浅すぎると立位のまま脚が動きません。この子どもの場合、水泳指導の時間に、交互に脚を踏み出す練

写真5-14　脚交互性の誘発

写真5-15　脚の外転

写真 5-16　抱きつき動作　　　　　写真 5-17　除重下での歩行

習を続けることで、陸上でも脚が交互に出てくるようになりました。

　写真 5-15 は、重力下では強い筋緊張のために脚が外転することがなかった子どもが、水中の除重力下で筋緊張がゆるみ、脚を外転させ教師を挟むことができた様子です。おそらく、こういう姿勢は初めての経験だったと思います。指導の方法としては、準備運動で取り入れているアップダウンをかなり長い時間行います。このアップダウンでは、子どもの水に対する恐怖心を取り除きながら、上下の揺れで前庭覚[4]に刺激を与え、リラクセーションをねらっていきます。子どもとの接地面は外さないようにしながら、筋緊張が落ちてきたら、少しずつ脚の外転を促していきます。外転した子どもの脚の間に教師の身体を入れることで、さらに子どもと身体が密着し安定した姿勢を作れました。

　写真 5-16 では、子どもが教師に抱きついています。この動作は、子どもを抱きかかえたり移乗させたりするときにはとても大切な動作なのですが、この子どもには全く見られませんでした。上肢には何の問題もないので、獲得可能な動作だと考え目標設定しました。指導の方法は、水中の除重力下で抱っこした状態から、ゆっくりと後ろに傾けていきます。その結果、危険を回避するために、教師に抱きつこうとする上肢の動きが出てきました。このような指導は、重力下ではとても危険で行うことは不可能です。

　写真 5-17 は、重力下では歩けなくなった筋ジストロフィーの子どもが、水中での除重力下を活用することで歩行を行っている様子です。久しぶりの自力歩行で本人はかなりうれしそうでした。この内容はどちらかというと、目標の①にあてはまるかもしれません。

　この水中での除重力下から子どもの動きを引き出す方法として、以下の2つがあることがわかります。

　1つ目は、除重力の環境になることで、子ども自身の抑えられていた動きの発現が可能になることです。たとえば、脚の交互性の動きの発現は、陸上では自分自身を支えるだけで精一杯だった脚の動きが、水中の除重力下に置かれることにより、本来持っている脚の交互性の動きとして自然と誘発された例です。

第5章　水泳指導

　2つ目は、除重力下になることで、教師が子どもを操作しやすくなり、子どもの新しい動きを誘発できるようになることです。陸上で、意図的に子どもの立ち直り反応や平衡反応を誘発するには、大きな危険が伴います。しかし、水中では、浮力や水の抵抗のために、ゆっくりとした体の崩れを子どもに提供することができました。そのため、子どもの立ち直り反応や平衡反応が出現しやすくなると同時に、教師は子どもをより安全な状態で保持できるようになり、結果として、さまざまな子どもの動きがねらえます。

　これらの指導で大切なことは、水中でねらう動作は、日々の生活で使う動作であることが大切です。というのは、年数回の水泳指導のみでできた動作が、すぐに日常生活に般化することは難しいと考えられます。つまり、水泳指導で引き出された動作を日常生活で繰り返し行うことで、新しい動作として確立し、その結果、日々の生活の中で般化していくと思います。そのため、生活に活用しない動作の場合には、水泳指導だけでの動作として完結してしまい、陸上生活には般化しない可能性があります。

　このような実践から、年数回の水泳指導でも、上記の6つの目標のいずれかを子どもに設定できることがわかりました。授業時間や回数等の関係もあると思いますが、実施回数が少なければ少ないほど、目標は一つに絞ったほうがいいと考えます。表5-3に以前の勤務校での授業の簡単な流れを示します。

表 5-3　水泳指導の略案

学 習 内 容	指 導 上 の 留 意 点
1　体調について報告する	1　子どもの健康状態を確認し、入水可能か再度チェックする。
2　更衣を行う	2　子どもの可動域を考慮し、更衣を介助する。
3　シャワーを浴びる	3　シャワー温度を確認し、子どもの背中や末梢部から、シャワーをかけるようにする。
4　ゆっくり入水する	4　子どもの表情を観察しながら、ゆっくり入水する。
5　準備運動を行う 　①アップダウン 　②キッキング 　③背浮きまたは伏し浮き 　④スネーキング 　⑤集合	5　①子どもの脚を外転させ、接地面をなるべく大きくし、上下に揺れる。 　②子どもが反ってこないように、ヘッドコントロールに気をつける。 　③子どもの状態を観察しながら、背浮きか伏し浮きかを決める。 　④子どもの実態に応じて、横揺れの大きさを変えていく。
6　本時の目標を発表する	6　子どもの健康状態に留意しながら、再度、本時の目標を確認する。
7　個別の学習内容を行う	7　ねらう目標は、6つの目標（表5-2を参照）の中でどの目標が適切なのかを留意しながら、個別の学習内容を行う。
8　体調を考慮し退水する	8　体調を常にチェックしながら、退水時間を決めていく。
9　シャワーを浴びる	9　室温を考えながら、シャワー温度を設定する。
10　更衣を行う	10　子どもの可動域を考慮し、すばやく更衣が行えるように介助する。
11　本時の感想を発表する	11　称賛を中心とした言葉かけを行う。
12　次時の予告を聞く	12　本時の到達度を考慮し、次時の内容を考える。

水泳指導について述べてきましたが、一番大切なことは、もちろん安全安心であることです。水中の除重力下の環境では多くのことがねらえますが、危険性はその分大きなものであることは間違いありません。子どもの健康チェックはもちろんですが、子どもの安全安心を保障する立場である教師自身の健康のチェックも怠らないようにして、授業に臨むことが大切です。

1）	てんかん発作（てんかんほっさ）	大脳の病気で、自律的に大脳が異常に興奮する状態が発作的に繰り返される。
2）	前弯（ぜんわん）	背骨が異常なほどに前方に弓形に曲がること。
3）	後弯（こうわん）	背骨が異常なほどに後方に弓形に曲がること。
4）	前庭覚（ぜんていかく）	重力や回転などを感じる感覚で、バランスを整える働きをする。

引用参考文献
全国特別支援学校肢体不自由教育校長会編著（2011）障害の重い子どもの指導Q＆A　ジアース教育新社
日本肢体不自由児協会編（2004）障害児の療育ハンドブック　日本肢体不自由児協会
覚張秀樹編著（2013）障がいのある子どものプール療法　日本肢体不自由児協会
児玉和夫・覚張秀樹（1992）発達障害児の水泳療法と指導の実際　医歯薬出版
日本肢体不自由児協会編（2011）はげみ No.337-338　日本肢体不自由児協会

第6章

コミュニケーション

① コミュニケーションとは

コミュニケーションという用語は、特別支援教育について書かれた本には、必ず頻繁に登場する用語です。もちろん、非常に大切なものであることに異議を唱える人はいないと思います。

コミュニケーションとは「何らかの手段を用いた受け手と関わり手のやりとり」といわれています。これからわかるように、コミュニケーションを図るためには、何らかの手段、つまり共通な手段や記号媒体（一般的には言葉）を持つ必要があります。たとえば、私がパリに行ったときには、私は日本語、パリの人はフランス語で、コミュニケーションの手段が共通ではないために、コミュニケーションが滞る事態が発生します。同じ手段であればこのようなことは起こらないはずです。つまり、子どもとのコミュニケーションでは、子どもの実態に応じて、何が共通手段として適しているかを知ることが必要です。

② 共通な手段や記号媒体を活用すること

共通な手段や記号媒体を活用するには、ルールが存在していて、その手段や記号媒体とともに、ルールも同時に理解していることが必要です。言語理解が難しい子どもとコミュニケーションを図る場合には、言葉での聴覚的な働きかけと同時に、絵や写真等の視覚的な支援を行っている場合が多いと思います。この場合には、動作やイラスト、写真カード等を使った視覚的な支援が、子どもの理解を促すだろうと考え行っています。しかし、私たちが学校で行っている視覚的な支援は、子どもにとっては自分たちが考えているほど単純ではありません。言語理解が難しい子どもの場合は、コミュニケーションを図るために、視覚的な支援は欠かせませんが、それらはかなり複雑な内容やルールで成り立っていることを認識しておくことが必要です。

よく朝の会などで、今日の日直は、「○○君ですね」と○○君の写真を黒板に貼ります。次に、天気では何を使うかというと、多くの場合には、天気のマークを使っているかと思います。しかし、天気のマークはどう見ても、実際の天気の状態には見えません。といって、天候の様子の写真を子どもへ提示しても、わかりやすいかどうかは疑問です。また、時間割を表す場合には非常に多岐にわたります。たとえば、写真を活用する場合もありますし、イラストや絵を使っている場合も見られます。音楽の時間で考えてみましょう。楽器の写真、または絵やイラスト、音楽室の写真、音楽の授業の様子の写真等いろいろなものが考えられます。自立活動はどう

でしょうか。自立活動室の写真、自立活動の備品の写真（ウォーカー等）やイラスト、自立活動の様子の写真や絵等が考えられます。こう考えると、かなりさまざまな方法が多岐にわたり活用されています。つまり、提示する側はわかりやすいだろうと視覚的に提示しているのですが、絵や写真で提示したり、実施される教室や教材教具だったりすることもあります。これらを、言語理解が難しい子どもが理解できているのでしょうか。これと比較すると、文字を媒体として、コミュニケーションを図る場合には、漢字かひらがなの違いはありますが、全部文字で示せるので、一つの方法に限定されています。つまり、共通な手段や記号媒体がわかりやすいから、ルールもわかりやすいかというと、逆にとても曖昧なことが増えていく可能性があるのです。たとえば、楽器の写真は、楽器自体を示しているのか、音楽の時間を示しているのか、それが活用される場面で変わってきます。

　このように考えていくと、視覚支援の内容を子どもは本当に理解しているのか、再確認する必要があるかもしれません。毎日の繰り返しの活動なので、子どもが理解しているように見える場合もあります。これは、視覚的な支援の場合だけでなく、言語理解の場合にもあてはまることです。連絡帳、カバン、水、帽子等の言葉は、日常の流れの中で活用する場合には理解しているように見えても、普段と違う場面で活用するとわからないことも少なくありません。つまり、言葉としては理解していないのです。楽器の写真の場合には、その楽器が音楽室にあるから、または使うから音楽と認識しやすいと考え、教師は子どもへ提示します。しかし、子どもは、写真を楽器として認識していないが、毎日の流れの中で、その写真は音楽の時間を表すと捉えている可能性もあります。本当に理解しているかは、楽器の写真と本物の楽器とのマッチングができるかどうかでわかります。もちろん、視覚的な支援を否定しているわけではありません。言語を理解させるためには、言葉と一緒に視覚的な支援を行うことが、言葉による一瞬の聴覚的な働きかけよりも、有効であることは間違いありません。

③ 視覚的な支援（カード）の活用のしかた

　言葉と視覚的な支援でコミュニケーションを行う場合に、視覚的な支援の活用ルールを認識させる必要があります。

　視覚的な支援のツールとしてよく導入されるのがカードです。このカードを活用したルールを理解させるには、大きく分けると２つの方法が考えられます。１つ目は、最初、子ど

もはカードの活用ルールを理解していないけれど、毎日、同じ活動を繰り返し続けているうちに、次第に理解していくという方法。2つ目は、最初にカードの活用ルールを教えていく方法になります。この場合には、カードの活用ルールは、「自立活動の時間における指導」で教え、学校生活の中でカードを媒体としたコミュニケーションの力を身に付けていくのが一番効果的だと思います。この方法は、自閉症を中心としたコミュニケーション障害を有する子どもにもよく用いられています。写真、イラストのどちらのカードにするかは、子どもの興味関心から決めてもいいと思います。ただし、イラスト活用の場合には、コミュニケーションを広げていく時点で、必要に応じたイラストを描くことができるかどうかということを想定しておいたほうがよいかもしれません。

　カードの活用のルールを教える場合にどのような手段で行うか、以下に述べてみます。たとえば、上肢はある程度自由に使えて、知的障害があり、内言語も少ない子どもを例として考えます。

　最初は、カードにより要求の仕方を教えることから入ります。この場合には、子どもが大好きなものをまず探すことが必要です。たとえば、それが「音の出る絵本」だとします。はじめに、テーブルに絵本の写真カードまたはイラストを置きます。子どもはカードの役割をわかっていないので、そのカードを教師に渡すところまでは一緒に行います。子どもが教師にカードを渡せたときに、「音の出る絵本」を子どもに手渡します。

　この活動の繰り返しになります。この活動が確立したらカードを2枚に増やしていきます。増やすカードは、「音の出る絵本」とは全く関係のないカードにし、子どもにその2枚で選択させ、「音の出る絵本」のカードを選んだときだけ、絵本を渡します。このような活動で、少しずつカードを増やしていき、それでも選択ができるようなら、絵本のカードを渡すことと絵本をもらえることが結びついていると考えてもよいと思います。

　次に、子どもがカードで「図書室に行きたい」という要求を伝える課題を考えてみましょう。この場合に、図書室の写真なのか、本を読んでいるイラストなのか、本の写真なのかは子どもの興味関心に合わせます。もし、子どもが自分で図書室に行ける場合には、図書室に行こうとする前に、教師にカードを示すまたは手渡す習慣をつけていきます。その動作が見られた場合には、図書室に行くことを許可しましょう。自分で図書室に行けない子どもの場合には、必ず図書室のカードを子どもに提示した後に図書室に連れていきます。

　一方、学校生活の中では、「音の出る絵本」を渡すことができなかったり、図書室に連れて行くことができない時間も少なくありません。このような場合には、選択するカードの中から、「音の出る絵本」や図書室のカードを抜いておくことが大切です。これは、自分自身のことに置き換えて考えてみるとわかりやすいと

|第6章| コミュニケーション

思います。つまり、「この中からやりたいことを選択してください」と提示され、やりたいカードを選択すると「それは今はできません」と言われたことと同じことになります。カードを抜いていると、最初は自分で選択したいカードがないと、嫌がったり戸惑ったりしますが、徐々に今はダメな時間だとわかってくる場合が多いようです。たとえば、ビデオを見たいという要求カードがある場合、そのカードは見てはいけない時間には選択するカードの中には入れておきません。昼休みにだけビデオのカードを入れておき、子どもが昼休みにカードを選択できたらビデオを見せてあげましょう。学習を広げていく方法として、カードでビデオの要求ができるようになったら、朝の会で一日の流れを説明するときに、昼休み時間にビデオのカードを貼ってあげます。そうすることで、一日の流れがよくわかり、昼休みまで要求せずに待てるようになります。

　また、カードでの要求が多く見られる子どもには、PECS の導入も考えてもいいかもしれません。PECS とは「Picture Exchange Communication System」の略で、「絵カード交換式コミュニケーションシステム」と日本語では訳されています。最初は、アメリカのデラウェア州の自閉症プログラムとして開発されました。自閉症を中心としたコミュニケーション障害の人から自発的なコミュニケーションが出てくることを目指した絵カードを使った指導プログラムです。このプログラムも、最初の導入は、先ほど述べたように、カードと物の一対一の交換から始まります。この PECS には、6 つの指導段階があり、文章で要求することや質問に答える高い段階まで目指しています。

④ コミュニケーションレベル

　コミュニケーションを育てるためには、子どものコミュニケーションレベルの段階を把握しておくことが重要です。鯨岡峻氏は、1992 年にコミュニケーションレベルの段階を大きく以下の3つに分けています。

① 原初的コミュニケーション段階
　子どもが知的に重度な場合には、原初的コミュニケーションが中心になります。子どもの意図がはっきりせず、教師の感じ取り方や受け取り方がとても重要な時期です。体の動き、表情やまなざし等を子どもの表出として捉え、気持ちや感情が通じ合う喜びを共有する段階になります。

② 前言語的コミュニケーション段階
　内言語の理解はある程度進んでいるものの、言語的コミュニケーションには至らない段階を示します。コミュニケーション手段としては、指さし、サインやシ

133

ンボル等の使用が可能です。学校生活の中で、子ども一人一人の特性や発達段階、場面に応じて適切な方法を活用し、子どもに働きかけることが重要です。もちろん、この時期には、教師は子どもからの発信をある程度理解できるので、きちんとした受け答えが大切になります。

③　言語的コミュニケーション段階

　コミュニケーション手段が、私たちが普段活用している音声言語や書字言語になります。子どもの場合は、喃語レベルから単語、2語文、3語文、年齢相応の「話す」、「聞く」等の幅広い実態だと思います。

　子どものコミュニケーションレベルが、どの段階にあるかを的確に把握して、適切な指導を行う必要があります。

⑤ 原初的コミュニケーション段階から言語的コミュニケーション段階への発達の流れ

　原初的コミュニケーション段階から言語的コミュニケーション段階への発達の流れについて、以下に示します。

```
┌─────────────────────────────────────────────────┐
│ 教師がさまざまな働きかけを行い、子どもからの応答を引き出す場合と │
│ 子どもの様子から教師が何かを感じ取って、子どもと関わりを持とうとする段階 │
└─────────────────────────────────────────────────┘
                        ↓
┌─────────────────────────────────────────────────┐
│ 教師の側に通じ合えたという感じが芽ばえ、           │
│ 肯定的な感情を子どもに抱くようになった段階         │
└─────────────────────────────────────────────────┘
                        ↓
┌─────────────────────────────────────────────────┐
│ 子ども側から働きかけがあり、教師が子どもの気持ちを言語化したり、 │
│ 子どもの気持ちに合わせて言葉かけを行ったりする段階  │
└─────────────────────────────────────────────────┘
                        ↓
┌─────────────────────────────────────────────────┐
│ 子どもが特定の教師の言語表現を漠然と理解できる段階で、│
│ 原初的コミュニケーションから前言語期への移行段階   │
└─────────────────────────────────────────────────┘
                        ↓
┌─────────────────────────────────────────────────┐
│ 子ども側に指さし、身ぶりや喃語が表れ、             │
│ 特定の教師以外でもコミュニケーションが成り立つ段階 │
└─────────────────────────────────────────────────┘
                        ↓
┌─────────────────────────────────────────────────┐
│ 言語的コミュニケーションに移行し、一語文や二語文が出てきた段階 │
└─────────────────────────────────────────────────┘
                        ↓
┌─────────────────────────────────────────────────┐
│ 完成された言語的コミュニケーションの段階           │
└─────────────────────────────────────────────────┘
```

子どもの実態を正確に把握し、上記のコミュニケーションの段階のどこに位置するのかを考え、子どもの目標を適切に設定することが大切です。

　いずれの段階にしても、コミュニケーションの発達には、子どもがまわりの環境の変化に注意する力を持つことが必要です。この注意する力は、毎日の体験とまわりの環境の刺激により育っていきます。つまり、学校生活での子どもへの教師や友達の働きかけが大きく影響しています。

⑥ コミュニケーションが難しい子どもへの働きかけ

　近年、特別支援学校では、周産期医療の発達や医療的ケアの導入等もあり、コミュニケーションの難しい子どもが増加してきました。原初的コミュニケーション段階の子どもが増え、多くの子どもが、こちらからの働きかけに対してあまり反応がなかったり、あっても理解できないなど、コミュニケーションの難しい子どもが見られるようになりました。このような子どもへの働きかけについて説明していきます。

◆ 原初的コミュニケーション段階での関わり方

　子どもが原初的コミュニケーション段階の場合、教師の対応が大きく影響します。たとえば、子どもに水筒のほうを見る動作が見られた場合、教師は「水を飲みたいの。じゃあ、飲もうか」と言って、水をコップに入れ、子どものところに持って行きます。すると子どもの喜ぶ動作が見られ、それを見た教師も嬉しそうに微笑むことが想定できます。この場面で、もし教師が子どもの水筒を見た動作を見逃していたら、コミュニケーションは成り立ちません。教師の対応により、水を見て喜ぶ子どもと、子どもを見て喜ぶ教師の気持ちの共有が生まれたのです。この共有できた喜びは、教師に次の場面で、さらに能動的な関わりを促すことになるでしょう。このような共有場面の繰り返しにより、両者の場を共有する行いは円熟し、さらに共有する場を成立させていくことになります。これが原初的コミュニケーション段階の関わり方の原点と考えることができます。

　もちろん、この場合、子どもは水を飲みたかったのではないかもしれません。しかし、その真偽についてはあまり重要でなく、教師と子どもとの関わりが成り立ったということが大切なのです。もちろん、水を飲むことを子どもが拒否したら、教師の接し方も変わります。コミュ

ニケーションは、受け手と関わり手の相互的な関係なので、コミュニケーションが成立しないのは子どもだけの問題ではありません。間違いなく、教師の対応が大きく関係しています。つまり、子どものコミュニケーション能力を向上させるためには、子ども側のコミュニケーション能力だけを高めていくのではなく、教師側の対応とセットで考えていく必要があり、教師が変わることが子どもを変えることにつながっていきます。ただ、あまりにも結果を求めすぎると、教師側の一方的な関わりになり、子どもを無理に大人のほうへ引き込むことになってしまうので、その点には注意が必要です。

　今までは、教師の受け手としての対応について述べましたが、関わり手としての教師の発信ももちろん大切です。子どもにわかりやすく発信していくことが重要なことは言うまでもありません。では、子どもにわかりやすい発信とはどのようなものでしょうか。声かけだけではなく、大げさな表現や表情、大きな身振り、声の抑揚や強弱等、あらゆる方法を駆使して教師は働きかけていくことが大切です。また、重度重複障害児の場合には、感覚受容器の発達が一様でない場合も少なくありません。つまり、視覚的に入力が入りやすかったり、もしくは聴覚的だったり、非常に障害が重度な場合には、前庭覚や触覚、嗅覚等が優れた感覚受容器になっていることがあるので、子どもの実態をしっかり把握しておくことが必要です。

⑦ シンプルテクノロジーの活用

　コミュニケーションの素地として、自分自身と外界との関係を理解する必要があります。私たちは生まれてから自然とそのことを行ってきました。しかし、重度重複障害児の場合には、自分自身で外界へ働きかけることが難しかったり、外界からのフィードバックが少ないことは容易に想定できます。たとえば、私たちは物に触れると、触れた感じがフィードバックされますが、障害の重い子どもはこのような経験が少ないことは間違いないでしょう。そこで、よく使われるのが、子どもの持っているわずかな動きに対して、ある一定の動きを示すおもちゃの活用です。この方法はシンプルテクノロジーといわれています。これは、多くの特別支援学校で使われているのではないでしょうか。

　子どもがシンプルテクノロジーを活用している場合、子どもの実態として、２つの段階に大きく分けられます。この２つの段階の流れを以下に示します。

① 子どもがスイッチとおもちゃの因果関係を理解していない場合
・子どもにスイッチを提示し、教師が子どもにスイッチを押させる。また

|第6章| コミュニケーション

　　　は子どもの偶発的な動きで、スイッチが入る
　　・子どもがおもちゃの動きに気づく
　　・スイッチとおもちゃの存在を意識する
　　・スイッチとおもちゃの因果関係に気づく
　②　子どもがスイッチとおもちゃの因果関係を理解している場合
　　・子どもがおもちゃを見る
　　・子どもがスイッチに気づく
　　・子どもがスイッチを押し、おもちゃが動く

　①と②のコミュニケーションの段階は明らかに違います。①は今からスイッチとおもちゃの因果関係に気づく段階ですが、②はスイッチとおもちゃの因果関係にはすでに気づいている段階です。この場合は、教師が子どもとおもちゃの二項関係の中に入っていかないと、いつまでも子どもはおもちゃで遊んでいる、つまり自己完結な行為になりかねません。時々、このような場面を学校で見ることがあります。この段階の子どもには、おもちゃが動いたら、教師は大げさに反応してあげたりすることで、子ども、おもちゃ、教師の三項関係を成立させていく必要があります。

　このように、シンプルテクノロジーの活用には、子どもの実態がどの段階なのかを把握した上で活用していくことが重要です。

　要するに、①の段階では、子ども自身の動きで外界に変化を起こすことになり、この繰り返しで子ども自身が外界の変化と自分の動きとの因果関係を理解していくことをねらっています。つまり、シンプルテクノロジーを活用して、コミュニケーションの素地をつくっていきます。一方、②の段階では、子どもとおもちゃとの関係は成立しています。シンプルテクノロジーを活用しながら、おもちゃと子どもの二項関係の中に教師が入っていくことで、子ども、おもちゃ、教師の三項関係を構築することを目指していきます。

⑧ 適切な支援の在り方

（1）受け手としての教師の支援と VOCA の活用

　コミュニケーションを成立させるためには、子どもの変化に適切なフィードバックを行うことが必要不可欠です。たとえば、赤ちゃんはおむつが濡れると気持ち悪いために泣き、お母さんは赤ちゃんが泣いているのはなんでかなと、体温を測ったり「どこか痛くないの？」と聞いたりします。最終的に、おむつが濡れていることがわかり、おむつを替えてあげます。お母さんのこの行為が何回も続

くと、次第に泣くとおむつを替えてくれることを赤ちゃんは理解し始めます。最終的には、赤ちゃんはおむつを替えてほしくて泣くことができるようになります。もう少し進むと、赤ちゃんは自分が泣くと、お母さんが来てくれることまで学んでいくでしょう。ここで大切なことは、赤ちゃんは外界の変化により、泣く

とおむつを替えてもらえることを学んだことです。つまり、自分だけで学んだのではないということです。赤ちゃんを取り巻く外界の変化があり、初めて学ぶことができたことになります。このように、子どもの反応には必ず適切なフィードバックを行うことが重要になってきます。障害が重い子どもは反応が微細なことも多く、教師が適切なフィードバックを返していないこともあるかもしれません。このような場合には、VOCAなどの導入も考えられます。実際、学校現場において、VOCAはよく活用されています。たとえば、朝の会で子どもの微細な動きを活用し、ビッグマックで「おはようございます」の音声を発信させたとしましょう。これ自体は、子どもの動きが「おはようございます」の音声を発信させただけですが、この活動により、先生は子どもに対する大きな称賛を行う可能性が出てきます。つまり、今まで子どもの微細な動きを見逃していた教師やわかっていても適切なフィードバックを行わなかった教師に対し、適切なフィードバックを生起させるかもしれません。ビッグマックを押すという子どもの動きが外界を変化させ、その変化は子どもの気づきと今後の自主的な動きの強化子になる可能性があります。しかし、このような気づきや自主的な動きは、簡単に形成されるものではありません。毎日、毎日の繰り返しの中で、初めて確立される関係になります。毎日決まって行われる朝の会や帰りの会は、このような関係を成立させるには最適な学習活動だと考えられます。

（2）教師の適切な発信

　教師の発信について考えてみます。どのようにすれば、内容が子どもに伝わりやすくなるのでしょうか。もちろん、子どもの実態に応じて適切な手段を活用することが不可欠です。さらに、わかりやすく伝える方法としては、以下の2つのことを考慮しながら発信する必要があります。

① あらゆる手段を活用しコミュニケーションを行います

　声かけだけでなく、体にタッチする、写真を見せる、動作で示す等、ありとあらゆる手段でコミュニケーションを促します。写真やカードの活用が定着してしまうと、意外とコミュニケーション方法を固定してしまうことも少なくありません。しかし、内容を子どもに伝えるという目的に限定して考えると、あらゆる手段を活用する方がわかりやすいと思います。たとえば、「走る」や「食べる」はカードを使うよりも、子どもの目の前で動作で示してあげたほうが理解しやすいでしょう。

② 相手に伝わっているか、常に確認しながら伝えていきます

　私たちが全く知らない言葉を使っている外国に行ったときに行う行動と基本的には同じと考えていいと思います。その土地で「私と一緒にパンを食べに行きましょう」という内容はどのように働きかけるとわかりやすいのか考えてみましょう。全く言葉がわからない場合には、食べる動作をして、食べることを伝えると思います。パンはどうでしょうか。実物が最もわかりやすいですが、実物がない場合には、写真や絵を描いて指さしながら理解を促します。次に、一緒に行くことを理解させるには、相手と自分を指さし、行く動作をします。このとき、常に一つの内容が伝わったか、相手に確認を自然に行っていると思います。つまり、複雑な内容はある程度短く区切って伝えているのです。言語的コミュニケーションレベルの子どもと話す場合にも、言葉だけの長い話は厳禁です。話が長くなる場合には、なるべく話を区切って、相手の様子を確認しながらコミュニケーションを図っていく必要があります。

⑨ 障害が重い子どもとのコミュニケーションの困難性

　障害が重い子どもとのコミュニケーションが困難な場合には、いろいろな要因があると思いますが、その要因に沿って、具体的にどのような対応でコミュニケーションを広げていくのか述べていきます。

（1）反応が微弱で発信がわかりにくい場合

　近年、子どもの障害はますます重度化してきました。そのため、子どもの反応が微弱で変化がわかりにくい場合も多いのではないでしょうか。しかし、障害が重い子どもでも子どもなりに教師との情動的なつながりを持っている場合が、教師側が想定しているよりも少なくありません。も

う一度子どもの反応をきちんと把握することが大切です。

① **全く動きが見られない場合の対応**

　まず最初に、刺激を受容しやすい姿勢や環境なのかを検討する必要があります。共有する関係を築くために何らかの刺激（抱っこ、手遊び歌等）を与え、子どもの反応を引き出します。全く動きが見られない子どもの場合には、前庭覚、固有覚、触覚、嗅覚のほうが視覚や聴覚よりも入りやすいことが少なくありません。子どもにより各感覚の受容レベルに差があるので、いろいろな刺激で反応を見ていく必要があります。また、何度も同じ刺激を繰り返し、子どもの反応を見ることも重要となります。さらに刺激に対する反応のスピードも子どもにより異なるので、刺激を与えてから待つ姿勢も大切です。

② **覚醒水準が落ちていて反応が見られない場合の対応**

　障害が重い子どもは、てんかん発作を有している場合も少なくありません。子どもの覚醒水準が落ちている場合には、薬の副作用の可能性もあるので、保護者や主治医との話し合いが必要です。また、一日の子どもの覚醒水準の変化を確認しながら、保護者との連携を図り、覚醒水準が上がる時間帯を学校生活に持ってくることを考えましょう。

③ **刺激に対する反応が少しは見られる場合の対応**

　どのような刺激で反応しているのか、また、快か不快かの把握が必要になります。快の反応であれば、刺激の始まりと終わりを明確にしながら、同じ刺激を繰り返し与えます。そのことは、子どもに期待反応（P144を参照）を生起させるかもしれません。不快の反応だったとしても反応できることがわかったことは大きな収穫です。子どもが反応した刺激（視覚、聴覚、前庭覚、固有覚、触覚、嗅覚等）が何の刺激だったのかを判断し、その感覚受容器が活性化する刺激を与えながら快の刺激を探していきます。

④ **発信する必要性が低下している場合の対応**

　発信する必要性をつくります。子どもの喜ぶ活動（トランポリン等）を何度も行い、突然止めた場面で、いつもと違う動きや発声が見られたら、子どもが発信したと捉えます。

⑤ **自発的な動きが少しでもある場合の対応**

　動きに対し適切なフィードバック（シンプルテクノロジー等の活用）を行う必要があります。子どもに少しでも動きがある場合には、その動きに適切な入力スイッチを用意し、結果として、子どもの好きな刺激がフィードバックされる環境を設定していきます。最終的には、子どもがスイッチとその結果の因果関係に気づくようにしていきましょう。もちろん、一対一が可能な場合には、子どもの動きに対して、子どもが喜ぶ反応を教師が繰り返して行うことが有効です。

⑥ 視覚や聴覚の障害のために反応が見られない場合の対応

重度重複障害の子どもは、視覚や聴覚がきちんと機能していない場合も少なくありません。可能なら病院で検査してもらい、残存する視覚や聴覚の機能を把握し活用することが大切です。もし、それらの活用が難しい場合には、その他の感覚（前庭覚、固有覚、触覚、嗅覚、味覚等）を活用することも必要になってきま

す。バイブレーターの振動や手遊び歌等の触覚、ゆれの前庭覚等の刺激には反応のある子どもも見られます。また、嗅覚は他の刺激と違い、直接脳に働きかけるので、働きかけとしては強い刺激になります。以前、重度な障害を有する子どもに刺激を与え、NIRS（近赤外分光法：near-infrared spectroscopy の略。脳表面の酸素状態を捉えることで、脳の活動状態を測定する方法）で血流量の測定を行ったところ、においが最も脳の血流量を増加させました。このことで、摂食する場合には、食べ物を見せたり、名前を言ったりして食べさせることとともに、においを嗅がせることがとても有効であることがわかりました。

（2）発信は見られるが、意図がわかりにくい場合

子どもに発信する動きや発声があっても、受信する教師が子どもの意図を理解できない場合も少なくありません。前にも述べたように、コミュニケーションは共通な手段や記号媒体があって初めて成立します。そのためには、受け手側の教師が子どもの発信している動きや発声を理解しておく必要があります。

① 教師を意識していない意味不明の発声や動きが見られる場合の対応

このような実態の子どもの場合によく使われる方法が「インリアル・アプローチ」です。インリアル・アプローチとは、コロラド大学のワイズ博士により提唱されたもので、子どもの言語能力自体を育てるとともに、子どもと接している大人の関わり方を考えることで、子どものコミュニケーション能力を高めていこうとする方法です。このアプローチの詳細については、書籍が出ていますので、是非一読してみてください。

簡単に、インリアル・アプローチの技法を紹介します。

「ミラリング」や「モニタリング」という技法では、教師が子どもの動きや音

声をそのまま真似をして返します。その繰り返しが、子どもに教師の存在を意識させることにつながります。たとえば、子どもが「アー」と言ったとき、教師が「アー」と言って返していくと、言葉の掛け合いが成立することもあります。

また、子どもが行っている動作を言語化して返します。これは「パラレル・トーク」という技法で、そのことで、子どもは教師への意識と言葉の意味や使い方を学びます。たとえば、子どもがボールで遊んでいるときに、教師がタイミングよく「コロコロコロ」と言ってあげることは自然に行っていると思います。

次に、視覚に問題のない子どもの場合には、見たり眺めたりすることから刺激を得ている場合も少なくありません。子どもの見ることや眺めたりすることを、有効な動作として捉えることが大切です。たとえば、絵本の一点を見つめている場合には、そこを隠してしまうと、発声や動きが見られる場合があります。その反応が見られたら、隠したところを見せてあげましょう。そのことを繰り返すことで、発声や動きが要求の信号に変わってくることをねらいます。また、遠くを眺めていたら、その視線を教師の顔でさえぎります。嫌がる発声や動きが見られたら、「○○を見てたんだねー」と眺めていた子どもの動きを言語化してあげましょう。日常でこのような動作を繰り返しながら、子どもとの関係をつくっていきます。人の顔に興味のある子どももいます。もし、教師の顔を見てくれたら、いろいろな表情をつくることで、子どもの注意を持続させていけるかもしれません。しばらくは顔をそむけるかもしれませんが、いろいろな表情をつくれる顔は視覚刺激としてはかなり有効な教材なので、効果的に活用することが大切です。また、子どもに顔を意識させる場面としては、一対一の対面での摂食指導の場面が有効です。この場面では、教師は「あーん」してと言いながら、自分も"あーん"し、子どもに言語刺激と表情の模倣を促しています。普段は顔をそむける子どもも、食事が好きだと顔をそむけない場合も少なくありません。このように、毎日行える摂食指導は、フェイス・トゥ・フェイスのとても有効な場面になります。

② **動きが自己刺激である場合の対応**

自己刺激の動きが見られる場合には、動きを止めるのではなく、動きを活用する、または動きを変えていくことを考えます。
以下に、自己刺激をやめさせる場合の一般な方法を述べます。

・自己刺激よりも子どもが好きな刺激を与える
・自己刺激の動きと対立する動きを教える
・自己刺激と同じ感覚を得る別の動きを教える
・自己刺激の動きで入力できるシンプルテ

|第6章| コミュニケーション

　　クノロジーを活用する
　・自己刺激を制止しながら、他の刺激（音声等）を同時に与える

　重度重複障害児の場合には、狭い環境で生活していることや、決まった入力刺激しか受けていないことが、自己刺激の大きな要因として考えられます。とくに、腕の可動域も限られていたりすると、可能である自己刺激を行うことで心理的な安定などを得ている場合も少なくありません。そのため、無理やり動きを止めてしまい、子どものストレスを高めることのないようにします。抜毛を続けていた子どもに、赤ちゃん新聞（People）を提示したところ、抜毛が止まったこともありました。外界からの働きかけや刺激を与えていくことで自己刺激が見られなくなることもあります。子どもは、初めての刺激はなかなか受容しにくいものです。しばらくは同じ刺激を継続して、子どもの様子を見守ることが重要です。

（3）子どもの感覚に優位性がある場合

　子どもの障害は重度重複化とともに多様化してきています。そのため、子どもの感覚受容器は、一様に発達しているとは考えにくく、おそらく子どもの感覚にはある程度の優位差があると考えるのが妥当でしょう。ここでは、教師が最も活用している視覚について考えてみましょう。

①　視覚優位の場合の対応

　視覚優位である場合には、指さしや身振り等を用いて情報を補います。同じ視覚活用でも、シンボルや絵カードの場合には、身振りや指さしと違い、消えてなくならないという利点があります。

②　視覚障害がある場合の対応

　視覚的な入力はコミュニケーション情報をかなりの割合で補っています。そのため、視覚的な情報が遮断されることは、コミュニケーションにとって大きな痛手になります。子どもの正確な視知覚が把握できるとよいのですが、なかなかそれは難しいことだと思います。視覚障害が大きい場合には、視覚以外の感覚のすべてを活用し、補っていくことが必要です。それらの感覚を活用することで、子どもとのコミュニケーションが成立する場合も少なくありません。たとえば、スプーンを口につけると口を開ける。廊下で足音がすると笑顔になる。シーツブランコを触らせると笑顔が見られる。このような出来事は、触覚、嗅覚、聴覚等の刺激で、子どもが次に起こることを理解または期待していることの表れとして、視覚以外の刺激に対して子どもが反応していることを示しています。どんな刺激

で、子どもの反応がよく見られるのか、もう一度、子どもをしっかりと観察してみてください。また、上記のように、次に起こることを予測する反応を期待反応といいます。たとえば、「いないないばあ遊び」や「一本橋こちょこちょ」等で、最後の快の刺激（'ばあ'や'こちょこちょ'）の前になると、笑顔になったりすることを学校でも目にするのではないでしょうか。期待反応は、障害が重度な場合、表出が難しく、教師も把握できないことが多々ありますが、脈拍の計測により期待反応を解析することも可能です。視覚以外の感覚の活用は、視覚障害を有している子どもはもちろん、視覚が正常であっても必要であることは言うまでもありません。もう一度、子どものさまざまな感覚レベルを見直すことが大切です。

　重度重複障害児のコミュニケーションについて述べてきましたが、日常、子どもの微細な動きや反応に対して、教師が適切な称賛やリアクションを行うことの積み重ねが、子どもを成長させる一番の要因になっていることは言うまでもありません。

引用参考文献
鯨岡峻（1997）原初的コミュニケーションの諸相　ミネルヴァ書房
文部省編（1992）肢体不自由児のコミュニケーションの指導　日本肢体不自由児協会
竹田契一・里見恵子編著（1994）インリアル・アプローチ　日本文化科学社
http://www.pecs-japan.com/WhatsPECS.htm
http://web.econ.keio.ac.jp/staff/nakanoy/article/self_determination/report02.html

第7章

補装具

① 補装具の必要性

　以前と比較し、子どもはさまざまな補装具を活用するようになりました。補装具に頼ることは、自分の力や意思で、立ったり歩行したりすることにならないため、効果が少ないのではないかと考えている先生も多いのではないのでしょうか。しかし、座位、立位、歩行等の抗重力位が難しい子どもの場合には、一日のうち多くの時間を寝た状態等の除重力位で過ごしています。これらの子どもには、学校生活の中に、抗重力位を以下のような理由で必ず取り入れていく必要があります。

> ・健康状態の維持・改善
> ・心身の能動性の向上
> ・学校生活への参加の基盤作り

　重度重複障害児でも、補装具を上手に活用することで、抗重力位を学校生活の中に効果的に取り入れていくことが可能になります。これにより、普段、除重力位で過ごしている子どもにも、抗重力位の経験と効果を与えることができるようになりました。
　普段除重力位の子どもたちに抗重力位を補償していくには、以下の方法が考えられます。

> ・教師の支援による抗重力位（介助歩行、介助立位、膝立ち等）の経験や練習
> ・歩行が難しい場合にはSRCウォーカー、PCW等を中心とした歩行器の活用
> ・立位が難しい場合には立位台、プローンボード（前傾腹臥位の立位支援具）等の活用
> ・座位が難しい場合には座位保持椅子、車椅子、前傾姿勢保持具（らくちゃん:パシフィックサプライ株式会社）等の活用

　教師の支援により、子どもが抗重力位になる場合には、教師は子どもの筋力の弱さや力の入れ方、筋緊張等を把握し、適切に子どもにフィードバックすることが可能になります。しかし、これには教師としての力量が大きく子どもに反映されます。また、一日のうちの長い時間、常に教師が支援を行うことは難しいでしょう。さらには、教師が支援して子どもが抗重力位になる場合は、立位のための立位や歩行のための歩行になる場合がほとんどです。そのため、他の学習に参加するための基盤としての抗重力位には、どうしても補装具の効果的な活用が不可欠になってきます。学習の目的により、補装具を効果的に活用しながら、抗重力位の量の不足を補っていく必要があります。

❷ 補装具の種類と特徴

以下に、一般的な補装具を紹介します。

(1) 座位保持椅子

写真7-1は移動用の座位保持椅子です。現在の肢体不自由の特別支援学校では、最も一般的な補装具になると思います。今では、車椅子よりも座位保持椅子のほうがずっと多くなってきました。それだけ、障害が重度化してきたということです。座位保持椅子と車椅子の違いとして、座位保持椅子は座位を保持するのが困難な子どもが座位を保つためにあります。一方、車椅子は移動できない子どもの足代わりとして活用するツールになります。つまり、座位保持椅子は座った状態を保持することを目的とし、車椅子は移動することを目的としています。だから、座位保持椅子はほとんどが後傾ですが、車椅子は極端な後傾にはなっていません。もちろん、介助用車椅子は別と考えてください。座位保持椅子の後傾角度は、体幹に負担が少なく、授業に参加できる程度の座位を確保することを基本としています。しかし、あまりにも長い時間同じ姿勢だと、同一箇所に体圧がかかり続け、血行が悪くなったり、ひどい場合には褥瘡を発症する可能性があります。また、体の循環器系や呼吸器系などへの悪影響も想定できます。必ず、時間を決めて、さらに後傾に倒したり、前傾に近いところまで立てたり、床に降ろしてあげたりして、一日の中で姿勢を変えていくことが重要です。

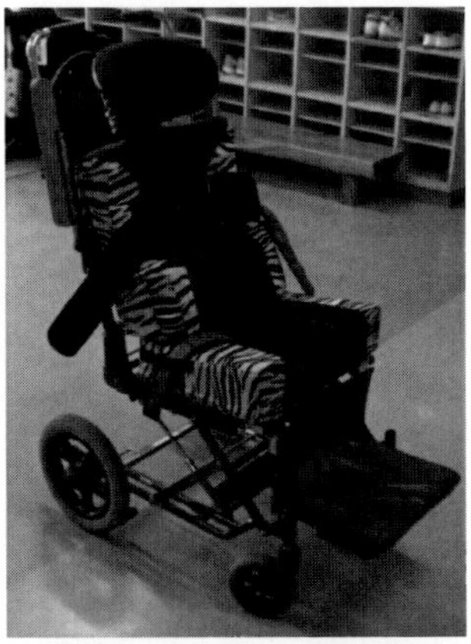

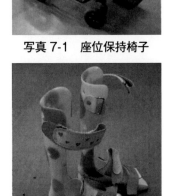

写真7-1　座位保持椅子

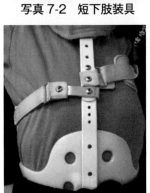

写真7-2　短下肢装具

(2) 短下肢装具・長下肢装具・体幹装具

写真7-2は短下肢装具（SLB = Short Leg Brace）で、長い装具は長下肢装具（LLB = Long Leg Brace）と呼びます。最近では、SLBという言い方よりも、AFO（Ankle Foot Orthosis）という言い方に変わってきました。

側弯予防には、写真7-3のような側弯矯正装具としての体幹装具など、子どもはさまざまな装具を活用し

写真7-3　体幹装具

ています。最近は、側弯矯正装具として動的可動式の写真7-4のようなプレーリーくん（社会福祉法人愛徳福祉会）をつけている子どもが多く見られます。

（3）歩行器

　肢体不自由の特別支援学校にはさまざまな歩行器があります。最も一般的なものは、写真7-5のSRCウォーカーでしょう。これはサドルがあるので、障害が重い子どもでも活用可能です。このSRCは（Spontaneous Reaction Control）の略で、つまり自発的な反応をコントロールするということになります。このSRCウォーカーでは、なかなか普段とることができない前傾の姿勢を子どもにとらすことが可能になります。この活用方法については、後出の実践例で述べます。

　次に、一般的なのは、写真7-6のようなPCW（Posture Control Walker）ではないかと思います。このPCWは、上肢で身体を支えるので、上肢がしっかりしている子どもや体幹がしっかりしている子どもでないと使えません。これらが一般的ですが、体幹がしっかりしている子どもの場合には、成人がよく活用している

写真7-4　プレーリーくん

写真7-5　SRCウォーカー

写真7-6　PCW

写真7-7　U字型ウォーカー

写真7-8　UFOウォーカー

写真7-9　ハートウォーカー

写真7-10　立位台

写真7-11　プローンボード

写真7-7のようなU字型ウォーカーも使うことがあります。また、写真7-8のようなUFOウォーカーには簡単なサドルがあり、全方向自由に動け、手が活用できるところが魅力です。残念なことに、小さい子どものサイズしかありません。

　歩行器の考え方として、大きく2つの考え方があります。一つは、子どもの障害の状態や発達段階を考慮して、適したウォーカーに乗せるという考え方で、紹介したウォーカーの一般的な活用方法になります。もう一つの考え方は、なるべく身体の多くの部位を補助しながら、まず活用させます。そのことにより歩行の経験や脚力、体幹を鍛えていき、その後少しずつ補助しているパーツを外していくという考え方です。この考え方を取り入れたのがアメリカで開発されたMOVEプログラム（Mobility Opportunities Via Education：教育によって動ける機会を）になります。この考え方の歩行器は、ペーサーゲートトレーナー（株式会社共に生きるために）や写真7-9のようなハートウォーカー等があります。

　立位の姿勢を保つには、写真7-10のような垂直に立てた状態の立位台や、角度調整のできる写真7-11のようなプローンボードが主流です。プローンというのは腹臥位の意味で、つまり、腹臥位にした状態から立てたということになります。では、逆はといったら、スーパインボード（次頁、写真1-17参照）といわれるものです。スーパインとは仰臥位の意味です。つまり、寝かせた状態から立たせたということになります。立位台は、肢体不自由の特別支援学校には必需品でこれを活用し、朝の会に参加したり、教科の勉強をしたりします。この立位の状態は、股関節の形成、脚力や体幹筋の育成やストレッチ、内臓機能の活性化等の多くの効果を促します。

（4）クラッチ

　クラッチは歩行を補助する杖です。写真7-12はロフストランドクラッチで、似たようなものに写真7-13のようなセブンクラッチがあります。歩行器と違い、歩行時には四点ではなく三点で体を支える必要があり、より難しい動作となります。クラッチ歩行は、脚力と体幹筋の強化、三点支持でのバランス、上肢機能の向上等を期待できるので、

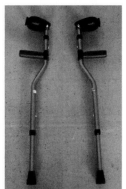

写真7-12　ロフストランドクラッチ　　写真7-13　セブンクラッチ

可能な子どもには、積極的に取り入れることが重要です。しかし、松葉杖と違い転倒した場合には、腕をすぐに外しにくいので、安全に気をつけて活用することが大切になってきます。

（5）ポジショナー

　ポジショナーは身体を保持する目的で使う保持装置です。よく使われているの

が写真 7-14 のような側臥位ポジショナーや写真 7-15 のような腹臥位ポジショナーです。子どもの体に合わせて作成したり、市販されているものもあります。もちろん、姿勢保持はタオルやクッションを使っても簡単にできますが、緊張の強い子どもや低緊張の子どもの場合には、すぐに姿勢が崩れてしまいます。その点をポジショナーは補ってくれます。ま

写真 7-14　側臥位ポジショナー

た、写真 7-16 のイーコレ・ベーシック（龍野コルク工業株式会社）を使うと簡単に姿勢保持ができます。これは布団圧縮袋と同様に、空気を抜いてクッションを固めていく方法を活用しています。

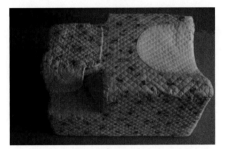

写真 7-15　腹臥位ポジショナー

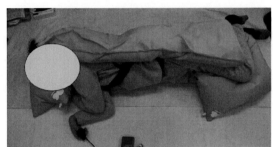

写真 7-16　イーコレ・ベーシック

③ 抗重力位を提供できた事例

ここからは、補装具を効果的に活用することにより、子どもたちに抗重力位を提供できた事例を 4 つ紹介します。

【事例 1】スーパインボード（仰臥位方向から起こしてくる立位支援具）により立位が可能となった例

ア　実態

本児は、脳性麻痺の疾患で、障害者手帳の 1 種 1 級を有する。日常の多くの時間を、座位保持椅子や臥位で生活している。また、吸引や経鼻経管栄養等の医療的ケア（第 8 章を参照）の対象児でもある。本児は、最初、プローンボードを活用して、立位を行っていた。しかし、立位後、両膝にあざができることが判明した。あざのできる理由として、膝には屈曲拘縮は見られないが、立位姿勢になると、筋緊張が亢進し、膝がプローンボードに強くあたるためと考えられた。

イ　抗重力位の必要性

保護者からは、「もともと皮膚の弱い子どもなので、

写真 7-17　スーパイン型立位台

少々のあざは仕方がない。股関節の形成、呼吸状態の改善や下肢の拘縮予防のためには、なるべく立位を行ってほしい」との要望があがっていた。学校としても、股関節の脱臼がなく、側弯等が見られないため、立位を学校生活になるべく多く取り入れていき、健康の増進を図っていきたいと考えている。

ウ　活用したツールの有効性

　本児の立位に活用したスーパインボードは、プローンボードと比較し、仰臥位の状態で体を固定できるために、教師一人でも子どもを安全に立位にすることが可能である。また、プローンボードは臥位の状態の子どもをいきなり立位にするため、急な姿勢変換を余儀無くされる。一方、スーパインボードは、仰臥位の状態で固定した子どもを立位へ変換していく場合に、子どもの状態により、ゆっくりと時間をかけて立位にすることも可能である。そのため、重力不安がある子どもや急な姿勢変換を受け入れない子どもにも活用できる。さらに、プローンボードと違い腹臥位ではないので、胸やお腹の触覚過敏等により腹臥位を受け入れにくい子どもでも可能である。

エ　実践内容

　プローンボードを活用した立位の際には、両膝とプローンボードの間にクッションを入れるとともに、プローンボードの角度をなるべく垂直位にする等の手立てをとっていた。その結果、あざの大きさは小さくはなったが消えることはなかった。そのため、プローンボードでの立位を中止し、SRC ウォーカーを活用して、前傾座位から教師が膝と尻をブロックして立位を行うように支援した。しかし、その場合の立位は、教師の手がいるためにどうしても時間が短くなり、下肢の拘縮予防と足底に圧をかける経験にはなったが、股関節の形成や呼吸状態の改善については、効果が見られなかった。これらの理由から、膝に圧のかかりにくいスーパインボードを活用しての立位を、「自立活動の時間における指導」を中心に行った。

オ　結果

　スーパインボードを活用するようになってから、立位をとっても、膝にあざができなくなった。また、プローンボードでは、立位にするときに、ゆっくりとした姿勢変換ができないために、本児が不安を感じるのか、時々不快な表情が見られた。しかし、スーパインボードを活用することで、仰臥位から時間をゆっくりとかけながら立位にしていけるようになり、泣く等の不快な表情が消え、学習に集中して取り組めるようになった。

【事例2】スワッシュ（SWASH）の活用により、安定した端座位を経験できた例

ア　実態

　本児は、脳性麻痺で、自分からは座位をとることはできないが、あぐら座位にすると、数分間は座位を維持できる子どもである。しかし、時間が経つにつれて、筋緊張が亢進し、どうしても股関節の内転と伸展位が強くなる。そのため、座面が狭くなり姿勢が崩れてしまう。

イ　抗重力位の必要性

　保護者からは、座位の安定を図ってほしいとの要望があがっていた。学校としても、本児が日常生活を送るさまざまな場面で座位が可能になることは、本児の生活を豊かにしていくことにつながると捉えていた。そのなかでも、最も座位の必要性がある場面を絞ってみた。その結果、あぐら座位は転がることが可能な床や畳等で行う場合が多いので、必ずしも安定した座位は必要としない。一方、端座位（ベッドから下肢を下げた状態や、背もたれのない椅子に座った状態の座位）が安定していくと、日常生活がかなり広がり、生活が豊かになることが想定され、家庭と学校間で端座位の必要性を確認した。

ウ　活用したツールの有効性

スワッシュ（SWASH：Standing Walking and Sitting Hip）装具とは、立位、歩行、座位、股関節装具の略になる。この装具は、脳性麻痺に生じる筋緊張から起こる股関節内転を防止するだけでなく、股関節が屈曲位になると、それに伴い、下肢を外転位へ誘導する。そのことが歩行時の股関節の内転を防止し、歩行の安定性を向上させる。また、座位では、股関節の大きな屈曲位が、股関節を歩行時よりもさらに大きな外転位へ誘導する。このことが、座位の安定性を向上させ、子どもの上肢をフリーにさせる。

エ　実践内容

　本児の座位の維持を妨げているのは、筋緊張からくる股関節の内転による座面の狭小化と股関節の伸展によるバランスの崩れのためと考えられた。そこで、股関節の内転を防ぐために、スワッシュの活用を行った。端座位だと足が床に着かないため、椅座位と比較し、座位バランスの崩れとともに恐怖心が高くなることが想定できる。そのことを考慮しながら、前からの声かけで、安心感を与えて端座位を経験させた。

写真 7-18　スワッシュ（股関節装具）

オ　結果

　この装具の活用により、股関節の外転位の維持とそれに伴う座面の確保、および股関節の伸展位の抑制が得られた。そのことにより、筋緊張の亢進が抑制され、後方へ姿勢を崩しにくくなり、安定した端座位を経験することができた。

【事例3】反張膝（はんちょうしつ）用下肢装具の活用により、PCWでの歩行が可能になった例

ア　実態

　本児は、脳性麻痺の疾患で、障害者手帳の1種1級を有する。側弯の進行予防のため、上半身にはギブスを装着している。座位は、教師が座位の姿勢にしてあげると可能である。また、全体的な低緊張と関節の過度可動性が見られ、膝、肘には反張が見られる。移動手段としては、四つ這いや肘這い移動は難しいが、寝返りは可能である。また、SRCウォーカーの活用が可能で廊下等を移動できる。

イ　抗重力位の必要性

　本児の疾患名は脳性麻痺となっていたが、明確な麻痺は見られず、抗重力の運動量を増やしても、筋緊張が強くなることはなかった。また、歩行に必要な脚の交互性がSRCウォーカーできれいに見られているので、将来的には、何らかの補装具を活用することで介助歩行レベルになる可能性があると予想できた。さらに、保護者の希望も「将来的には、介助歩行でもいいので歩行してほしい」ということであった。これらのことを考慮すると、現在の学校生活に、抗重力位を取り入れていくことで、少しでも抗重力筋を育てていく必要があると考えた。

ウ　活用したツールの有効性

　近年、本校では、在籍している肢体不自由児の中に低緊張の子どもが見られるようになってきている。以前は、低緊張というと脳性麻痺の低緊張型がほとんどであったが、最近は疾患がはっきりせずに低緊張の子どもが増加している。これらの子どもの場合には、体全体は低緊張で、関節に過度可動性が見られることが多い。そのため、足首の過度の外反扁平や膝、肘に反張が見られることも少なくない。本児もこのような子どもに入る。これらの子どもでは、関節に不適切な圧力がかからないように注意することが不可欠である。そのため、適切な補装具を装着しないで抗重力位をとることは、体の変形につながる恐れが

ある。本児の場合、膝の反張がひどいので、反張膝用下肢装具の活用が必要となってくる（写真7-19）。軽度な反張に関しては、かかとを上げた短下肢装具を活用することで、反張を止める場合がある。しかし、今までの経験では、筋力の弱い子どもの場合は、どうしても膝の反張を活用しながら、立位や歩行を行い、反張膝が習慣になる場合が多かった。歩行を目的としている子どもには、反張膝の習慣化を抑えるために、反張膝用下肢装具の活用が望ましいと考える。

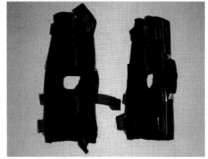
写真7-19　反張膝用下肢装具

エ　実践内容

本児に反張膝用下肢装具を装着し、「自立活動の時間における指導」で以下のような学習内容を実践した。

- プローンボードでの立位を行う。
- 背中を接地面とした壁立ちを行う。
- バーを把握しての立位を行う。
- PCWでの立位および歩行を行う。

オ　結果

「自立活動の時間における指導」での反張膝用下肢装具を装着した学習内容の結果は、以下のようである。

- 朝の会等にプローンボードで参加できた。
- 背中を接地面とした壁立ちが可能になった。
- 立位のとき、バーを把握させると、短時間なら立位を維持できた。
- PCWを活用して立位ができた。このとき、肘（反張肘）への負担が懸念されたので、臀部(尻)を意図的にPCWに着かせ、臀部を含めた五点支持の状態をつくった。
- PCWを活用して歩行を行う。このときも、立位同様、臀部を意図的にPCWに着かせた。

反張膝用下肢装具の活用により、PCWでの歩行ができるようになっただけでなく、壁立ち、プローンボードでの立位、バーを把握しての立位等の抗重力位が可能となった。

【事例4】前傾座位支持具としてのSRCウォーカーの活用により、呼吸状態が改善した例

ア　実態

本児は、脳性麻痺の疾患で障害者手帳の1種1級を有する。経鼻経管栄養、吸引と酸素療法の医療的ケアの対象児である。呼吸状態が悪く、覚醒時で酸素飽和濃度（SpO_2）[1]が90台前半、睡眠状態になると、酸素飽和濃度が80台になり、睡眠中には酸素吸入を行っている。また、痰もなかなか喉頭部まで上がってこずに、吸引できることが少なく、排痰が難しい状態である。時々、シーソー呼吸[2]が見られ、喘鳴が聞かれることも多い。

イ　抗重力位の必要性

保護者も学校も、呼吸状態が悪いことが、本児の大きな課題と捉えている。睡眠時に酸素吸入を行っていることで、酸素ボンベを常時携帯しないといけない。また、酸素飽和濃度のチェックも常に必要である。呼吸状態は、摂食にも大きく影響してくるので、呼吸状態が改善しないと、経鼻経管栄養から経口食への移行も期待できない。このような状態を改善するために教育現場で可能なことは、適切な姿勢変換を導入し、肺の換気障害を改善することである。また、姿勢変換にタッピングを併用していくことで、効果的な排痰を促すことも必要である。一方、抗重力位では、重力で横隔膜が下がり、胸郭の運動も大きく

なり、肺の換気面積が増大する。さらに、立位や座位での換気量は他の姿勢に比べてもっとも大きいことも分かっている。このようなことから、姿勢変換に、座位や立位の抗重力位を併用して取り入れていくことが、換気障害の一層の改善を促すと考えられる。また、前傾座位では、舌根沈下を防ぎ上気道の狭窄（狭くすぼまっていること）を防ぐことも可能であり、閉塞性呼吸障害（第8章4を参照）を予防できる。

ウ　活用したツールの有効性

　本児の座位に活用したSRCウォーカーは、北九州市総合療育センターで開発された歩行器であり、特別支援学校で最も活用されている歩行器の一つである。しかし、歩行器として広く活用されているが、障害の重い子どもの姿勢変換機器として活用できることは意外と知られていない。歩行できない子どもでも、この歩行器を活用することにより、前傾座位を行うことができる。また、歩行器なので、子どもを乗せた状態で簡単に移動させることが可能である。そのため、生活の場面に活用しやすいという利点がある。

エ　実践内容

　昨年度の4月当初から、呼吸状態の改善を目指し、担任が、半側臥位や側臥位、腹臥位等の姿勢変換を行ってきたが、嫌がるなど拒む様子が多く見られ、本児に仰臥位以外の姿勢を長く維持させることは難しかった。しかし、実態を考慮すると、呼吸状態が良くなるように、学校生活の中に、仰臥位以外の姿勢を取り入れていくことは必要不可欠なことになる。そこで、学校生活で最も帯で取りやすい時間帯の一つである朝の会に、SRCウォーカーによる前傾座位で参加し、呼吸状態の改善を図った。

オ　結果

　仰臥位の状態とSRCウォーカーによる前傾座位の状態では、酸素飽和濃度の明確な違いは見られなかった。しかし、姿勢変換を受け入れにくい本児が、仰臥位以外の姿勢を受け入れたことは、大きな前進である。また、体調によっては、SRCウォーカーで進む様子も見られている。このSRCウォーカーでの姿勢変換をはじめとして、三角マットでの腹臥位、プローンボードでの立位等、さまざまな姿勢変換が学年の終わりには可能になった。このような取り組みから、約1年半が過ぎようとしているが、最近は、学校では、睡眠時も酸素吸入を行う必要がなくなっている。また、最近、母親から「もう、酸素ボンベを売ってもいいかな」と冗談を聞いたときには、改めて抗重力位を含む姿勢変換の効果を再確認させられた。

　補装具の活用事例を紹介しましたが、ここで大切なことは、補装具はあくまでも日常生活を送る上での基盤となる移動や姿勢を保持するためのツールであるということです。つまり立位のための立位台ではなく、朝の会にみんなと一緒に学習に参加するための立位台だということを忘れないようにしてください。

1)	酸素飽和濃度（SpO₂） （さんそほうわのうど）	血液中で酸素と結びついているヘモグロビンの割合で、健康な場合には95％以上である。
2)	シーソー呼吸 （しーそーこきゅう）	通常の呼吸と違い、吸気時には胸部がへこんで腹部がふくらみ、呼気時には逆になる呼吸のこと。

引用参考文献

松原豊監訳（1995）M.O.V.E.4th. MOVEインターナショナル日本ホームページ　http://www.move-japan.org/
大阪発達総合療育センターホームページ　http://osaka-drc.jp/

第8章

医療的ケア

医療的ケアについては、「特別支援学校等における医療的ケアの実施に関する検討会議」において、「特別支援学校等における医療的ケアへの今後の対応について」（平成 23 年 12 月 9 日）が取りまとめられています。その中で、介護サービスの基盤強化のため、平成 24 年 4 月より一定の研修を受けた介護職員等は一定の条件の下にたんの吸引等の医療的ケアができるようになることを受け、これまで実質的違法性阻却の考え方に基づいて医療的ケアを実施してきた特別支援学校の教員についても、制度上実施することが可能となりました。

今回の改正により、一定の研修を受けた者が一定の条件の下に、以下の行為は実施可能になっています。

【特定行為（実施できる行為）】
・口腔内の喀痰吸引
・鼻腔内の喀痰吸引
・気管カニューレ内部の喀痰吸引
・胃ろうまたは腸ろう[1]による経管栄養
・経鼻経管栄養

医療的ケア実施の進捗状況は、各都道府県でかなり温度差があるようです。しかし、どの進捗状況であっても、共通していえることは、担当の子どもに医療的ケアがなぜ必要なのかを理解しておくことです。このことは、安全安心に医療的ケアを行うためにはもちろん、子どもの状態を把握し、行うべきことを理解するためには必ず必要なことになります。

医療的ケアの行為に沿って、それに関連した内容について述べていきます。

① 喀痰吸引

（1）なぜ喀痰吸引が必要なのか

呼吸状態を改善するために、医療的ケアである喀痰吸引が行われることは誰しもわかっていると思います。

では、なぜ、喘鳴や痰などの分泌物が多い子どもがいるのでしょうか。実は、私たちも普段痰や唾液などを分泌していますが、無意識に食道へ排痰しています。そのため、呼吸障害が起こりません。一方、呼吸機能の悪い子どもの中には、痰などの分泌物の

図 8-1　分泌物の位置

動きが悪く、気管や気管支に留まってしまい、空気の流れが滞り、ゼイゼイやゴロゴロと喘鳴が聞こえるようになります。このようなとき、分泌物を取り除くために吸引が必要になってきます。しかし、図8-1のように肺の奥深くにある分泌物は、吸引チューブが届かないので吸引することはできません。したがって、肺の奥に留まっている分泌物を吸引できる位置、つまり喉まで移動させることが必要だということがわかります。このように、医療的ケアをなぜ学校で行っているのかを考えていくと、担任として子どもに、何を行えばいいのかが自然とわかってきます。この場合の分泌物を移動させるには、「体位ドレナージ」という方法がとても有効になります。

（2）体位ドレナージの方法

以下に、体位ドレナージの方法を示していきます。

まず、分泌物が肺のどこにあるか、手を子どもの胸や背中にあて位置を確認します。わからないときには看護師に確認してもらいましょう。その後、重力を使って分泌物をなるべく、喉のところに移動させていきます。この場合には、図8-2のような側臥位や、図8-3のような腹臥位をとらせながら、最終的には尻や腰の位置を頭部より高くし、分泌物を吸引できる位置まで誘導していきます。もし、喉のところまで分泌物がきて自分で咳ができる子どもの場合には、自己排痰が可能になり、吸引は必要ありません。つまり、体位ドレナージとは、分泌物を重力を活用して排出する方法になります。

一方、自力で出せない子どもの場合には吸引が必要になってきます。体位ドレナージで分泌物を移動させるには、写真8-1のように、手をカップ状にして軽く叩く（カッピングといいます）と、気管支に付着した分泌物がはがれやすくなります。このほか、バイブレーターを活用し、分泌物のある部位を振動させることもあります。この場合には、タオル等を使い、バイブレーターが直接体にあたらないように注意しましょう。直接あてると、強い刺激のために子どもの緊張が強くなったり、急激な生理的変化が起こる場合があるの

図8-2　側臥位

図8-3　腹臥位

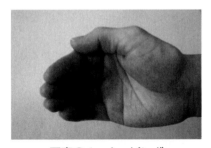

写真8-1　カッピング

で要注意です。また、適切な水分補給も有効です。ネブライザーで去痰剤などを吸入してから行うと、かなり分泌物の動きはよくなります。もし、ネブライザー[2)]での吸入ができない子どもであれば、水分補給を行うだけでも分泌物が移動しやすくなることがあります。子どもにより分泌物の粘性が違うので、分泌物が移動しにくい場合も少なくありませんが、体位ドレナージを行うことはとても重要です。というのは、体位ドレナージを行うことは、普段分泌物が留まっている部位を上にすることになります。つまり、肺の換気状態に変化を与えたことになり、姿勢変換と同様の効果が期待できます。そのため、分泌物を動かそうと思って、無理に叩いたりして強い刺激を与える必要はないのです。気をつけることは、体位ドレナージでは日頃行っていない姿勢をとることが多いために、緊張が強くなったり、循環器系に変化が起こったりする可能性があることです。そのため、パルスオキシメーター等を活用し、子どもの変化を観察しながら、体位ドレナージを行うことが必要不可欠です。

❷ 舌根沈下

仰臥位の子どもや座位保持椅子で後傾の子どもの場合には、どうしても重力の関係で図8-4のように舌根で気道がふさがれる場合があります。その状態になると喘鳴が聞こえ、呼吸状態が悪化してきます。この状態を舌根沈下といいます。その対応策としては、下顎を引いて気道を確保する下顎挙上が一般的です。また、座位保持椅子の子どもの場合には、写真8-2のような造形遊具の「自遊自在」(日本化線株式会社)を活用すると下顎をあげることが

図8-4　舌根沈下

写真8-2　「自遊自在」の活用

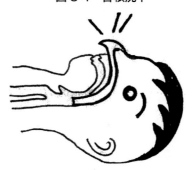

図8-5　エアウェイ

第8章 医療的ケア

可能になる場合があります。

　舌根沈下については、学校生活では側臥位や腹臥位への姿勢変換で対応可能ですが、家庭での就寝中には、こまめな姿勢変換は難しいので、図8-5のように、エアウェイと呼ばれる気道確保を行うチューブを入れる場合も見られます。しかし、エアウェイは、子どもによっては受け入れることが難しい場合も少なくありません。呼吸状態の悪化が激しい場合には、気管切開も視野に入れる必要が出てきます。

③ 口呼吸から鼻呼吸へ

　呼吸障害の子どもの多くに口呼吸が見られます。口呼吸が習慣になると舌根沈下を引き起こし、呼吸障害を起こしやすくなります。また、鼻呼吸ができないと摂食指導において口唇閉鎖を促すことができません。さらに、口呼吸では口腔内が乾燥し、細菌も増殖しやすくなります。このように、口呼吸は呼吸障害だけでなく、体の健康に大きな影響を及ぼしているので、子どもには早いうちから鼻呼吸への移行を促していく必要があります。子どもが口呼吸の場合には、耳鼻咽喉科を受診してもらい、鼻腔にアデノイドなどの器質的な問題がないか確認してもらいます。器質的に問題がない場合には、日常、数秒の短い時間、口唇閉鎖を促し、鼻呼吸の習慣をつけていきましょう。また、口唇閉鎖に働く口輪筋の機能訓練を行うことも大切です。指示理解ができる子どもには、パタカラ（株式会社パタカラ）やボタントレーニング（口唇を使い、ボタンにひもをつけた状態で引きあう練習や一方におもりをつけたものを持ち上げるなどの練習）なども有効です。

　一方、指示理解が難しい子どもの場合は、能動的な学習が難しいので、教師が子どもに口唇閉鎖の習慣をつけていくことになります。このとき、教師が子どもの口唇に触れることになりますが、口唇に触れられることを嫌がる子どもも少なくありません。その場合は、子どもが口唇に触れられることを、まず受け入れることが必要となります。もし、子どもが口唇を触られることを嫌がるようであれば、子どもの過敏の少ない部位から脱感作を行い、子どもが慣れてきたら、徐々に口唇に触れていきましょう。脱感作については、第2章4を参照してください。

④ 呼吸障害

　呼吸障害は、閉塞性呼吸障害、拘束性呼吸障害と中枢性呼吸障害に分けられます。閉塞性呼吸障害とは気道が何らかの原因で狭窄し、呼吸がうまくできない状

159

態です。舌根沈下やアデノイド肥大などがあてはまります。拘束性呼吸障害は肺機能自体の低下で、誤嚥、分泌物の貯留や胸郭扁平などにより胸郭の可動性が悪い場合などが原因になります。最後の中枢性呼吸障害は呼吸中枢の異常で、呼吸がうまくいかない場合です。障害が重い子どもの場合には、閉塞性呼吸障害と拘束性呼吸障害を併発している場合も多く、日常の姿勢変換はもちろん、体幹の回旋や肩の運動などで、胸郭の可動域を保っておくことも大切です。常に子どもの呼吸障害の原因を考えながら、学校生活の中で対処していくことが重要になってきます。

⑤ 気管カニューレ内部の喀痰吸引

気管カニューレ内部の喀痰吸引とはどういうことかを説明します。気管カニューレは、図8-6のようになっていて、このカニューレ内の分泌物については吸引してよいということです。では、カニューレを越えて吸引することはなぜ許可されていないのでしょうか。それは、カニューレを越えて吸引を行うと急に危険性が高くなるからです。もちろん、その行為は気管粘膜を傷つけたり、肉芽（炎症等により欠損を受けた部分にできる粒状の結合組織）形成の刺激になったりします。さらに、気管に穴があく（ろう孔といいます）恐れやカニューレの下には腕頭動脈という動脈が通っていて、そこに穴があく（腕頭動脈ろうといいます）危険性が出てきます。ここに穴があくと、死に至ることも少なくありません。このように、カニューレ内とそれを超えて吸引する場合には、危険性が大きく変わってきます。そのため、気管カニューレ内部の喀痰吸引と限定されているのです。

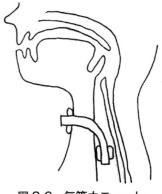

図8-6　気管カニューレ

⑥ 胃ろうと経鼻経管栄養

胃ろうや経鼻経管栄養を行っている理由は、経口摂取の場合に誤嚥しているか、あるいは誤嚥の恐れがあるからです。では、胃ろうや経鼻経管栄養を行うことで誤嚥は確実に防ぐことができるのでしょうか。確かに胃ろうや経鼻経管栄養を行うことで、誤嚥のリスクはかなり減少します。しかし、残念ながらゼロになることはありません。なぜなら、唾液の誤嚥、胃食道逆流症のために逆流した胃

第8章 | 医療的ケア

内容物の誤嚥などは、起こる可能性があるからです。つまり、胃ろうや経鼻経管栄養を行っていても、誤嚥性肺炎は引き起こされる危険性があるのです。そのため、誤嚥性肺炎の予防には、誤嚥があっても肺の状態を悪化させないことが必要になってきます。予防策としては、以下のような内容が考えられます。

（1）口腔ケア（口腔内の細菌の抑制）

口腔ケアは口から食べているから必要だと勘違いをしている人が少なくありません。むしろ食べないほうが、より口腔内に細菌が発生しやすくなり、その細菌を誤嚥することで誤嚥性肺炎を引き起こします。そのため、口腔ケアは経口摂取、経管栄養にかかわらず必ず行う必要があります。口腔ケアにより、口腔内の細菌の数を減らし、誤嚥性肺炎の発生を防いでいくことが重要です。

（2）姿勢管理（定期的な姿勢変換による肺換気能力の維持・向上）

健康な人でも誤嚥は必ず起こります。しかし、健康な人の場合には抵抗力が高いので肺炎にはなりません。しかし、経管栄養などを行っている子どもは抵抗力が低下している場合が多く、どうしても肺炎を起こしやすくなります。必ず姿勢変換を定期的に行うことで、肺全体の換気状態を良くし、肺炎の発症するリスクを減らしていく必要があります。

（3）舌根沈下や口呼吸などの防止（呼吸障害への対応）

舌根沈下などの閉塞性呼吸障害がある場合には、食道内の陰圧が高くなり、胃の内容物が食道に引き込まれて逆流を起こす可能性があります。さらに呼吸状態の悪化は体力を使い抵抗力も落とします。また、鼻呼吸ではなく口呼吸をしている場合には空気嚥下を起こしやすく、そのためにげっぷが出やすくなり、そのげっぷとともに胃の内容物の逆流が起こる恐れも出てきます。このほか、口呼吸は口腔内を乾燥させ、口腔内の細菌を増やすリスクも高めることになります。

（4）薬の適切な使用

もし、運悪く子どもが肺炎にかかった場合には、学校での子どもの状態（発熱や咳など）を保護者にきちんと伝えていきます。それにより、より有効な薬（抗菌剤や解熱剤など）に合わせていくことが可能になります。学校での子どもの状態をきちんと保護者に伝えることにより、子どもにとって最も有効な薬に合わせていくことが重要です。

（5）胃食道逆流への適切な対応

胃の内容物が逆流することを胃食道逆流といいますが、これには食道裂孔へ

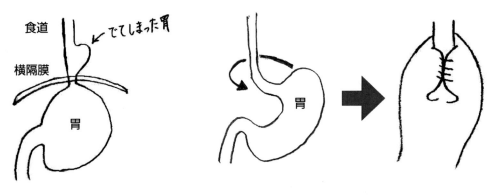

図8-7　食道裂孔ヘルニア　　　　　　　　図8-8　噴門形成術

図8-9　仰臥位での胃と食道の位置

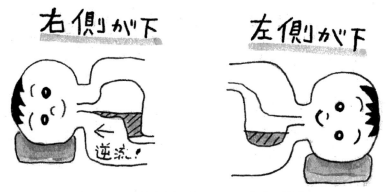

図8-10　左右側臥位での胃と食道の位置

ルニアと姿勢や変形などが関与している場合が少なくありません。食道裂孔ヘルニアとは図8-7のように、胃の一部が食道裂孔から横隔膜の上の胸部に出てしまった状態で、この状態では逆流が頻発する可能性があります。この逆流を防止するために、図8-8のように、噴門形成術を行っている子どももいます。また、胃食道逆流には姿勢が大きく関係しています。仰臥位だと図8-9のような食道と胃の位置関係から、げっぷは出にくいのですが逆流は起こりやすい状態になります。一方、上体を起こした姿勢や腹臥位の姿勢は逆流防止には効果があります。また、図8-10のように、右下側臥位の場合には、食道が胃より下になるので一般的に逆流が起こりやすく、特に左凸の側弯の子どもは、胃と下部食道の角度が大きいた

め、逆流が起こる可能性が高くなるので要注意です。つまり、胃と食道の位置関係からは、上体を起こした姿勢、腹臥位、左を下にした側臥位が胃食道逆流防止の姿勢と考えられます。

⑦ 胃ろうや経鼻経管栄養での注入

（1）注入前後の注意事項

　胃ろうや経鼻経管栄養での注入を看護師が行う際に、教師は子どものどこに注意を払い、何を行う必要があるのか、以下に述べていきます。

① チューブ先端位置の確認をします。聴診器を使いながら、空気の注入音を看護師と教師でダブルチェックします。

② 胃の内容物の確認を看護師と教師で一緒に行います。
　　注入前に胃から吸引（前吸引）することで胃の内容物の状態を把握します。この前吸引の状態で以下のようなことがわかります。
　・経腸栄養剤が多量に引ける　→　胃の調子が悪い
　・黄色の液が引ける　→　胆汁が逆流している
　・褐色の液が引ける　→　胃からの出血か食道からの出血がある
　・多量の空気が引ける　→　空気嚥下が多い
　・無限に空気が引ける　→　チューブが胃から抜けている

　このように、前吸引で子どもの健康状態がよくわかるので、胃の内容物をきちんと確認し、家庭としっかりした連携を図っておくことが重要です。また、前吸引で異常が見られた場合には、どのような対応を行うのか、あらかじめ主治医、看護師と相談しておきます。

③ 注入前に、もう一度、適切な姿勢かどうかを確認します。

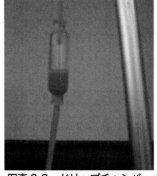

写真8-3　ドリップチャンバー

④ 注入前に、注入物が子ども本人用であるか、また注入量や速度などの確認を看護師と教師で行います。

⑤ 注入を実施します。注入中はドリップチャンバー（写真8-3）で速度を確認します。

　【目安】
　　10秒で10滴→1分間で60滴→1時間で200ml
　　10秒で15滴→1分間で90滴→1時間で300ml
　子どもに適した速度にするため、クレンメ（写真

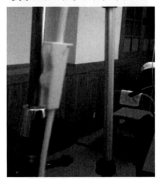

写真8-4　クレンメ

8-4）で滴下速度を調節します。滴下速度が早いと嘔吐やダンピング症状（下記参照）を起こす恐れが出てくるので要注意です。

⑥ 注入終了後は、胃の中が注入物で充満しているので、急に体を動かしたり、緊張させたりしないようにします。また、注入後すぐに、口腔ケアをしている子どもを見かけますが、咽頭反射を起こし、注入物が逆流する可能性があるので、口腔ケアは時間をおいて行うようにしましょう。

（2）注入中の注意事項

① 咳き込みや喘鳴

注入中に咳き込みや喘鳴が出てきたときは、以下のことが考えられます。

(a) 注入の刺激で唾液の分泌が増え、それを誤嚥した。
(b) 注入物が逆流し、それを誤嚥した。

(b) の場合には経腸栄養剤のにおいがすると思います。

対応策として、(a) の場合には誤嚥しないように、姿勢をより後傾に倒していく場合が一般的ですが、子どもにより誤嚥のリスクが少ない角度が異なるので、個々の子どもの実態によって適切な姿勢を必ず把握しておきます。

(b) の場合には、上体を起こしてくる場合が一般的です。注入中の喘鳴が頻繁にあるようなら座位での注入ではなく、上体をやや挙上した側臥位か腹臥位を考えてみる必要があるかもしれません。もちろん腹臥位のときは、胃ろう部の圧迫に注意します。

② ダンピング症状

ダンピング症状には早期ダンピングと後期ダンピングがあります。胃の機能の低下などが原因で、注入物が急速に腸に流れることにより、浸透圧の関係で体の水分が腸に集まり、一時的に体を流れる血液量が減少して、冷や汗、動悸、めまい、顔面蒼白などが起こることを早期ダンピングといいます。一方、注入物の栄養が吸収され、血糖が急速に増加し、それを分解するためのインシュリンが過剰に分泌されることで、低血糖状態になり、発汗、疲労感、顔面蒼白が起こることを後期ダンピングといいます。対応としては、どちらのダンピング症状でも、注入速度を遅くしたり、頻回の注入により1回の注入量を少なくしていくことが基本です。しかし、このような対応が難しい場合には、経管栄養ポンプ（写真8-5）を使う場合もあります。このポンプを使うと、一定時間あたりの適切な量の注入が可能になります。

また、半固形化した注入物を使用する方法もあ

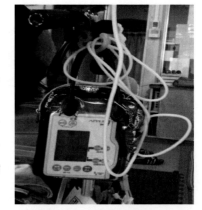

写真8-5　経管栄養ポンプ

ります。ミキサー食や経腸栄養剤を半固形化することで、胃食道逆流や下痢を軽減できたり、胃に留まる時間が長くなるため、ダンピング症状を起こしにくくする効果があります。ミキサー食の場合には、食物繊維や微量元素を摂取することが可能になります。しかし、消化管の機能障害がある場合には、胃の中に注入物が長く留まりすぎて、嘔吐や腹部膨満を起こしやすくしたり、半固形化により胃ろうチューブも詰まりやすくなるリスクが出てきます。

③ 経管栄養チューブが抜けたとき

手の動きがある子どもの場合には、注入中に経管栄養チューブを抜いてしまう可能性も少なくありません。もし、抜いてしまうようなことがあったら、チューブの先が喉や口腔にきている可能性があるので、すぐに注入を中止する必要があります。

④ てんかん発作が起こったとき

てんかん発作の場合には、注入を一時中止し落ち着くまで様子を観察します。

このように、医療的ケアを看護師が行う場合にも、教師はその内容やなぜ行うのか、また教師として何ができるのかを看護師と連携を図りながら常に考えておくことが必要になってきます。

カンタン用語解説

1）	腸ろう（ちょうろう）	胃ろうが何らかの原因で難しい場合に、腸に穴を開け直接栄養を入れること。
2）	ネブライザー 	吸入薬を霧状にする装置。喘息などの患者が薬剤を経口吸入し、症状を緩和させるために使用する。

引用参考文
日本小児神経学会社会活動委員会編（2008）医療的ケア研修テスト　クリエイツかもがわ
日本小児神経学会社会活動委員会編（2012）新版医療的ケア研修テスト　クリエイツかもがわ
岡田喜篤監修（2015）新版重症心身障害療育マニュアル　医歯薬出版
松元泰英（2015）肢体不自由教育連携で困らないための医療用語集　ジアース教育新社

肢体不自由教育 連携で困らないための 医療用語集
Medical Glossary

既刊 あわせて持ちたい

著：松元　泰英　医学博士　言語聴覚士

詳しくやさしく解説

| 524 用語収録 | 161点 イラスト | 48点 写真収録 |

- 第1章　**解剖学的内容**
  - ●身体全体についての119用語
- 第2章　**摂食指導**
  - ●188用語
- 第3章　**医療的ケア**
  - ●115用語
- 第4章　**疾患**　●脳性麻痺　●筋ジストロフィー：デシャンヌ型
  - ●二分脊髄　●ペルテス病　●未熟児網膜症　●てんかん
- 第5章　**一般用語**
  - ●102語

連携の時に飛び交う用語がわかる本！

特別支援学校の先生と外部専門家との連携の中で、使用頻度の高い524用語をピックアップ。まったく医療の基礎知識がない先生にもわかるように、イラストを多用してやさしく解説しています。

- ■B5判　186ページ
- ■定価：本体2,200円＋税
- ■ISBN978-4-86371-332-1

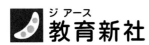
ジアース教育新社

〒101-0054　東京都千代田区神田錦町1-23　宗保第2ビル
TEL 03-5282-7183／FAX 03-5282-7892
E-mail info@kyoikushinsha.co.jp　URL http://www.kyoikushinsha.co.jp/

＊著者紹介＊

松元　泰英（まつもと　やすひで）鹿児島国際大学教授

　私は大学の修士課程まで粘菌の研究をしていました。それがなぜか、今は学生に特別支援教育を教えています。今の大学での所属が福祉社会学部のため、「**粘菌**を研究していました」と言うと、「ああ、**年金**ですね」と言われます。たぶん、「違うだろうな」と思いながら、話がややこしくなるので、「そうですよ」と答えています。特別支援教育（特殊教育）との出会いは、32歳のときです。今後も、出会いや自分に適した生き方を大切にしていきたいと思っています。

■ イラスト　さめしま　ことえ（燦燦社）

目からウロコの
重度重複障害児教育

2018 年 6 月 9 日　初版第 1 刷発行
2019 年 8 月 17 日　初版第 2 刷発行
2021 年 9 月 16 日　初版第 3 刷発行
2023 年 12 月 25 日　オンデマンド版発行

■　著　松元　泰英
■発 行 人　加藤　勝博
■発 行 所　株式会社ジアース教育新社
　　　　　〒 101-0054　東京都千代田区神田錦町 1-23　宗保第 2 ビル
　　　　　TEL：03-5282-7183　FAX：03-5282-7892
　　　　　E-mail：info@kyoikushinsha.co.jp
　　　　　URL：http//www.kyoikushinsha.co.jp/

■表紙・本文デザイン・DTP　株式会社彩流工房
■印刷・製本　シナノ印刷株式会社
Printed in Japan
ISBN978-4-86371-468-7
定価はカバーに表示してあります。
乱丁・落丁はお取り替えいたします。（禁無断転載）